SELF-CULTIVATION

销售冠军的自我修养

俞赛前 ■ 著

TOWARDS THE
TOP SALES

社会科学文献出版社
SOCIAL SCIENCES ACADEMIC PRESS (CHINA)

PROLOGUE

这是一本什么书?

——客户为什么总是觉得贵?

——如何挑选和培养潜在的销售冠军?

——如何打造勇往直前战无不胜的销售铁军文化?

——如何设计性价比较高的销售提成制度?

——精益客户开发有哪些技巧?

——到底是什么在影响客户的购买决策?

——B2B销售的五大秘籍是哪些?

…………

日常销售工作中遇到的问题和疑惑,在这里,有答案。

这是一本销售工具书、以科学的角度来诠释销售知识的合集,力图检视销售知识的结构层次,并结合销售工作中的模块和场景进行梳理、解剖和重构,包括销售职场、销售培训、销售团队管理、销售激励制度、客户开发和管理、销售实战技巧和销售业绩管理等,从而以专题式的结构完整地呈现销售工作的全貌。

科学技术,正在改变这个世界……

销售技术,正在让我们的生活和工作更有价值,更有意义,更加充实……

马总把电子商务和阿里巴巴"销售"给了全世界……

与此同时,我们把自己"销售"给了身边的人和这个世界,告诉这个世界,我们来过了……

销售,一个令人尊敬的职业,一个奋斗者实现自己理想的机会……

PROLOGUE

销售，首先是一门科学；然后再是一门实践性学科；也许，销售也是一门艺术……

■销售职场

从一个销售小白选择销售工作开始，以及在职场中遇到的诸如"如何判断销售工作的前景？"和"销售分五级，你属于哪一级？"……试图给读者一些答疑解惑的思路和工具。

■销售培训

销售培训完全以结果论英雄，在培训界，它被称为培训中的皇冠；如何制订新人和"老人"的培训计划？如何评估销售培训结果？这个部分将一一呈现。

■销售团队管理

销售铁军，是很多销售副总裁和CEO期望的销售团队成长方向，"销售人员的出勤，到底管不管？""如何迅速提升销售团队的执行力？""如何打造勇往直前战无不胜的销售铁军文化？"……这里将带给销售管理者一些一线实战的思路和实用的工具。

■销售激励制度

"如果给我一个支点，我可以撬起整个地球。"无疑，销售激励制度就是撬起整个销售团队业绩的最佳支点，"新进销售人员，到底该如何考核？""如何设计性价比最高的销售提成体系？"……这里将会全面梳理销售人员的薪资结构、底薪、绩效和提成制度，提供全面的激励体系。多劳多得（结果）是可以被设计出来的，你想知道的都在这里。

■客户开发和管理

"客户预约——销售冠军和小白的差距"给出了比较好操作能落地的客户预约模式和操作指南;"到底是什么在影响客户购买决策?"揭示了客户开发的方向和策略;"为什么客户总觉得贵?"完全从客户购买决策的过程来分析客户的购买模式,从而指引销售人员做出正确而高效的销售行为。

■销售实战技巧

"专业高级销售说服技巧——销售高手的不传秘籍"……这里从心理学特别是社会心理学的角度,分析潜在消费者的心态,以帮助销售人员建立和调整说服技巧,达成最终的销售结果。

■销售业绩管理

"如何厘定销售代表服务客户数量?"是很多销售管理者都会感到头疼的问题,本书给读者提供了一套清晰可操作的方法,以解读者之忧。如何通过PK赛拿结果练团队?PK赛,是销售管理者常用的销售策略,如何操作并且达到预期的效果是一门学问,也有相当的技巧需要不断学习,本书给了读者一个清晰的认知和可操作的实战工具。

因为想给奋斗在路上的销售人员出一点力,所以有了这本书,并以简洁的PPT形式呈现给大家,这样简单清晰,便于提高阅读效率。谨以此书,献给销售奋斗者!

老俞(Leo Yu)

目录 CONTENTS

目录 CONTENTS

目录 CONTENTS

Self-cultivation Towards
the Top Sales

第一篇

销售职场

01 销售的前世今生，你知道吗？

> 销售是一门科学，是一个有序的可预测的知识体系；销售也是一门实践性学科，源自于一线的销售实战，同时又高于并抽离于一线实践。
>
> ——俞赛前

》基本销售模式

会销：会议营销；
电销：电话销售；
P：代表价格；
C：代表个人客户；
B：代表企业客户。

资料来源：高瓴资本运营合伙人干嘉伟先生2019年7月7日在新领袖创新大课暨2019（第十九届）中国企业未来之星年会上所做的《直销ABC》分享。

》销售与营销（一）

营销（marketing）：现代营销学之父菲利普·科特勒1960年在其著作《营销管理》中首次提出"4P理论"，即：
- Product，产品；
- Pricing，价格；
- Place，渠道；
- Promotion，推销。

他创造性地提出了优秀的企业满足需求、杰出的企业创造市场等名言，并在《市场营销学》第11版中，首次正式提出了"人员销售""销售促进""零售""直销和网络销售"等与销售相关的定义和名词，为销售的正式出现和突破奠定了基础。

》销售与营销（二）

销售（selling）：
来源于史前日耳曼语saljan，菲利普·科特勒
一个重要的思想在于：销售不是营销。企业本
身就是一个营销组织，这意味着，营销并不单
单是销售人员的专业，还是整个企业运营的核
心。

》销售与营销（三）

➡	销售着眼于卖方的需求；
营销着眼于买方的需求；	⬅
➡	销售注重的是卖方把产品转变成现金的需要；
营销注重的是通过产品或服务以及通过产品的创造和交付相关的一整套活动来满足客户的需要	⬅

》历史上第一次被记载的大规模电话营销活动

- **时间**：1965年
- **发起方**：美国福特汽车公司
- **实施方**：美国活动沟通公司（Campaign Communications Institute of America，CCI）
- **组织形式**：CCI雇用了1.5万名家庭主妇，让她们在家里拨出2000万个电话；
- **实施细节**：家庭主妇按照精心编制的剧本每天给100万个家庭打电话，寻找潜在的福特汽车买主。

- **实施结构**：每通电话时长1分钟，一共收集到3000万个客户线索，其中18.7万个是有效的，即这些人在6个月内真正有意购买福特汽车。
- **后续**：美国活动沟通公司（CCI）又针对《世界》（*World*）杂志的征订设计和实施了一个电话销售活动，这次是针对精心挑选的名单，打电话的方式也经过精心编排，意在把电话推销的效果与直邮推销对比。结果表明：电话推销与邮件推销的成功比例是3：1。

电话销售是用生产线的思想组织起来的，并成为对各种销售活动进行工业化和流程化最有效的手段。

》销售行业的三次革命浪潮

<table>
<tr><td rowspan="3">销
售
行
业
革
命
浪
潮</td><td>1900年左右</td><td>英国保险行业中的一家保险公司将保险收单员和发放保险宣传单页的人分出来，从而带来保险行业业绩大增，正式完成了销售的过程和转型。</td></tr>
<tr><td>1925年7月</td><td>**专业销售成为一个独立的知识体系。**
斯特朗的代表作《销售心理学》详细介绍了一系列技巧，例如确定销售收入和收益、设定销售目标，其中最重要的是开放式销售或封闭式销售的销售技巧，并且催生了销售培训行业。</td></tr>
<tr><td>20世纪70年代</td><td>随着销售行业的飞速发展，一大波销售技巧和思想应运而生，其中尤为典型的是尼尔·雷克汉姆的《SPIN销售》《大客户销售战略》《销售的革命》等著作，这些著作引领了时代的销售潮流，至今仍闪烁着理性的光辉。</td></tr>
</table>

》销售行业的前瞻性展望

——日不落的常青职业

销售员将越来越受人尊敬，因为销售这个职业，可以为奋斗者带来客户的成功、公司的发展和个人显赫的名声、足够多的财富，并且可以尽可能地为社会做贡献。

——对个人客户的销售活动

基本是以产品为核心卖点，足够标准，可见而易得，并且以电话销售为主要销售模式。互联网平台（淘宝和天猫）将占据渠道主流。

——对企业客户的销售活动

依然会以产品为核心卖点，但必须以面销（面对面直接向顾客销售）和地推（地面推广）为主，以电话销售为辅助手段。

——新型销售模式不断涌现

新型的销售模式重点在于包装KOL（Key Opinion Leader，关键意见领袖），通过分享购物（小红书）或者视频互动带货的模式，推动销售模式的更新迭代。

——销售培训行业持续向上蓬勃发展

一方面，销售从业人员越来越多，对知识和技能的提升需求日益增加；另一方面，企业亦逐步意识到人才尤其是销售人才的重要性。所以，销售培训行业的需求越来越大，优秀的销售培训师将成为稀缺资源。

资讯最前线——直播带货

随着罗永浩、李佳琦、薇娅等一大波直播电商主播的涌现，淘宝直播、抖音、快手等平台纷纷重金打造直播购物平台，催生了一个高速增长的群体——电商主播。精选的商品、名人效应和强大的广告攻势……短平快的直销模式，已经扑面而来，新的直销时代已经来临。

02 如何判断销售工作的前景？

> **"**
>
> 俗话说，女怕嫁错郎，男怕入错行；
> 都说努力很重要，走过之后才发现，
> 其实选择比努力更重要。
>
> ——俞赛前

优先考虑的行业及公司标准（"三高"行业）

销售重复购买率高的产品

销售高附加值的产品

销售有利于高质量人脉积累的产品

TIPS:

之所以建议选择以上"三高"行业，是基于短中长期利益组合，因为高附加值和高重复购买率，意味着客单价和提成收入相对较高；而高质量人脉的客户，有助于提升自身的销售水平，同时积累一定的人脉资源，为未来的发展锻炼技能和储备资源。

》销售工作参考标准

- ■ 代表先进生产力
- ■ 问题的重要程度
- ■ 客户价值的重要性
- ■ 市场空间的成长性
- ■ 反馈的高效性和及时性
- ■ 产品或服务的先进性

》代表先进生产力

生产力是指人们在社会实践中改造自然、社会的物质力量，它由劳动对象、劳动资料和劳动者三要素组成。所谓的先进生产力是指劳动者生产能力的水平越来越高，比如：机器代替人工的行业，工作效率大幅度提升，就体现出了较高的生产力水平。

》问题的重要程度

问题的重要程度可以形象比喻为客户的痒点和痛点。痛点就是客户必须马上解决的问题；而痒点并不是亟须解决的问题。举例说明，以家庭为例，孩子的补习班绝对是痛点，因为成绩一旦不好，将会贻害孩子一辈子；而爸爸妈妈的EXCEL提高班，则属于痒点。

》客户价值的重要性

客户价值是指企业所提供的产品或服务对于客户而言的重要程度；同时也反映了产品或服务的可替代性。比如某家企业的产品或服务对于客户而言，是独一无二甚至是相对垄断的或者说是无法在短时间内完全替代的。

》市场空间的成长性

判断一个行业或者一家公司未来3~5年的走势，就要第一看赛道，第二看增长率，从这两点来判断行业的走势，再结合公司在行业中的位置，来酌情选择所要求职的公司。

》反馈的高效性和及时性

做销售的，卖产品和服务给客户，客户对产品或服务的体验过程和效果，最好是第一时间能反馈回来，形成一个回路，这样便于持续不断地改良和优化。

》产品或服务的先进性

产品或服务的先进性代表着先进的生产资料，也是先进生产力水平的一种体现；与此同时，产品或服务的先进性也代表着更高的效率和性价比，迟早会淘汰落后的产品或服务，使自己立于不败之地。

TIPS:

新入行的销售从业者，需要综合考虑要效力的行业、公司前景及收入水平，以更好地做出更加适合自己的职业选择。

C 小　　　　　结

中国古语云：察过往，知得失，明方向，谋未来。

作为立志于从事销售事业的千万热血青年，唯有与时俱进，把握时代的脉搏，紧盯行业发展潮流，结合所从事行业的特点，学习新知识，充分发挥自身的优势和长处，真正找到适合自己、愿意从事的行业和职业，才能充分证明自己的价值，并且为社会创造更大的价值。

注：以上为第1~2节内容小结，希望对于您对本书的理解有所帮助。

03 做销售，你准备好了吗？

> 如果潜在客户喜欢你，并且相信你、
> 信赖你，信任你的为人和公司，
> 那么，他们就有可能
> 从你这里买东西。
>
> ——俞赛前

≫ 销售小白储备三角

≫ 心态储备——如何定义失败、成功和投入？

如何定义失败？

销售冠军之路是由无数次被拒绝和被打击的活生生的故事构成的；而失败仅仅是一个相对的概念，因为失败的标准是主观的，是由你自己定义的，完全取决于你自己怎么看。

如何定义成功？

成功就是在一定时间周期内达到自己设定的目标。作为一名刚入行的销售人士，需要对自己的目标有一个相对清晰的认知和判断。

如何定义投入？

绝大多数销售工作，属于高投入高回报的工作类型，如果没有前期持续大量的投入，是不可能产生高额的回报的。前期的投入包括时间、物资、精力和金钱等。

≫ 知识储备——通适和专业知识，你准备好了吗？

通适知识储备

作为一名销售人员，每天都需要与人打交道，且客户的文化背景、社会阅历及受教育程度跨度和差异极大，这就需要销售人员具备广泛、渊博的通适知识。

专业知识储备

专业知识一般包括所在行业的行业知识，公司产品的产品知识两个大类。作为一名推销员，我们的价值就是为客户提供价值，而专业是我们所能提供的价值的最优体验。

≫ 技能储备——销售技能，你的签单利器

> 销售是一门科学，也是一门实践性学科。推销员每天都与不同的客户打交道，对于如何说服客户并成功购买，这是一门专业技术工作。因此，需要从业人员具备基础的销售技能，并且在日后的工作中，逐步学习和积累。
>
> ——俞赛前

≫ 销售冠军画像

专业

+

可信赖

有价值

≫ 销售冠军画像——可信赖

可信赖是一种相互的感知状态，它是由一系列前置行为触发的人与人之间的情感联结方式，来自以下三个方面：

安全无威胁	在与潜在客户前期的接触中，潜在客户天然存在信息不对称而导致的拒绝的心态。所以，确认安全无威胁是成交的第一步。
说到做到的一致性	在与潜在客户交流中，说到做到的一致性是建立信赖关系最有力的武器。
公平公正	客户总会觉得与其他客户相比，自己得到的会少了些什么，所以对所有客户都公平公正就尤其重要。

》 销售冠军画像——专业

—— 如何定义专业的销售冠军形象？——

行业专业
对所在行业有自己的见解和判断，并且给予客户行业知识和帮助。

过程专业
整个销售流程中，尊重双方意愿，公开公平建立互惠的价值体系，力求达到双方满意。

形象专业
无论是拜访前准备、拜访过程中与客户面对面交流沟通，还是拜访后的回顾与总结，都体现出很高的专业素养和标准。

》 销售冠军画像——有价值

"商业的本质是价值交换，销售是实现价值交换的方式。在客户、公司和销售人员三者之间，必须都具备价值或者交换价值，否则，销售流程无法继续下去。对于每一个销售代表而言，一定要建立自己的个人价值体系，使自己成为一个有价值的合作伙伴。

——俞赛前

≫ 储备方向

技能储备

心态储备   销售小白   知识储备

→

专业

可信赖   销售冠军   有价值

跨越鸿沟——从销售小白到销售冠军

专注——心无旁骛地专注销售事业；

学习——深度向客户、向高手学习销售知识与最佳实践；

销售行业有一句土话：剩者为王。从销售小白到销售冠军，专注和学习是跨越鸿沟的不二法门。

04 销售分五级，你属于哪一级?

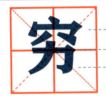

------- 固定的地方、单位；
------- 每天工作8小时；
------- 卖力地工作；

说文解字:

在一个固定的单位，每天8小时，卖力地工作，结果: 穷。

【关于"穷"的段子，引自互联网】

> 唯有销售，改变这一切，反转人生，
> 从此走上人生巅峰，成为人生赢家。
>
> ——俞赛前

>> 销售金字塔

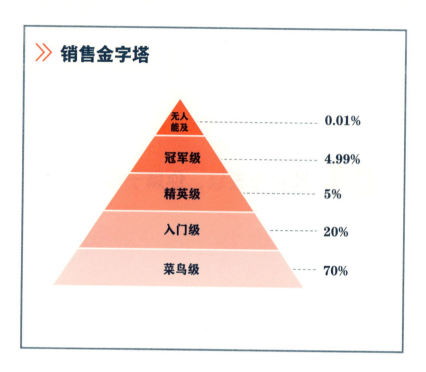

无人能及	0.01%
冠军级	4.99%
精英级	5%
入门级	20%
菜鸟级	70%

>> 定义——菜鸟级

■经验值	0
■意愿度	6
■能力值	5
■勇气值	6

■**典型特征**：向往销售行业，间接或直接通过书本、影视或周边朋友对销售或行业有一定的了解，有了比较明确的目标行业，经常的口头禅：我朋友在某某公司做销售，干得不错，我想试试！

≫ 定义——入门级（12个月以下）

■经验值	5
■意愿度	6
■能力值	5
■勇气值	6

■**典型特征：**经过好几次折腾或面试，终于顺利进入一家相对正规且具有一定规模的公司，见到了规模化的销售团队，听老大说了一些这家公司的谁谁谁比较厉害，一年赚了多少钱，开的是什么车子，住的是什么房子，某某某是从一线销售一直干到副总裁的。好吧！恭喜你，菜鸟开始入门了！

≫ 定义——精英级（24个月以上）

■经验值	7
■意愿度	7
■能力值	7
■勇气值	7

■**典型特征：**进入一家有规模化销售团队的公司；对行业，对客户和公司有了一定的理解；业绩如鱼得水；客户搞得定；与老大"勾肩搭背"，偶尔喝大了的时候，也可以称兄道弟了；业绩稳定在团队中的前20%，且有菜鸟粉丝，接受小白们的崇拜；还是公司内潜在主管的重点培养对象……加油，精英！

>> 定义——冠军级（48个月以上）

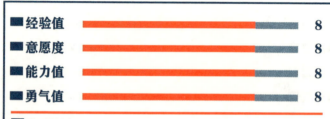

典型特征： 在公司的地位，犹如众星捧月；月度、季度销售
冠军的常客，年度销售排名稳定在前五；公司最高层都竖起大拇
指，下面粉丝一大堆，有点前呼后拥、人见人爱、花见花开……
恭喜你，成功了，冠军！

>> 定义——无人能及（级）（终生职业）

典型特征（一）：乔·吉拉德，美国著名推销员

2001年，乔·吉拉德跻身汽车界最高荣誉"汽车名人堂"；
连续12年被《吉尼斯世界纪录大全》评为世界零售第一；
连续12年平均每天销售6辆车，至今无人打破；
12年的销售生涯中总共卖出去13000辆车。

>> 定义——无人能及（级）（终生职业）

■典型特征(二)： 原一平，日本推销之神

连续16年荣登日本推销业绩全国第一宝座；

1962年，59岁的原一平成为美国百万圆桌会议会员；

1968年，65岁的原一平成为美国百万圆桌会议终身会员；

1976年，因努力提高保险推销员地位，荣获日本天皇"四等勋章"。

■典型特征（三）： 雷义，曾任空中客车销售总监

每天卖出2驾空中客车飞机，整整坚持了23年才退休；

波音公司在他离任后持续换掉8任销售总监仍然无力回天；

在他65岁退休之际，他的老客户阿联酋航空公司给出了30驾总价值超过72亿美元的飞机订单，只为给他"一份退休礼物"。

>> 定义——无人能及（级）（终生职业）

■典型特征（四）：

■ 原一平

从1930年至1984年，54年不间断，销售寿险，典型的 To C销售模式；

■ 雷义

从1995年到2018年，23年不间断在空中客车公司担任销售总监，是To B典型代表；

■ 乔·吉拉德

从1966年至1978年，连续12年卖出了13000辆雪佛兰汽车。汽车的销售，众所周知面对的是To B 和 To C 两种模式的客户；

他们，就是无人能及！！！

> **"**
> 销售，是一个技术含金量极高的职业，需要学习、沉淀和积累；是一个日益增值且前景光明的受人尊敬的职业，值得我们托付一生……
>
> 俞赛前

资讯最前线——对企业的销售模式逐渐兴起

随着电商平台的崛起，对个人的销售逐步进化为平台销售模式；而对企业的销售模式开始崭露头角，尤其是提升企业获客能力和运行效率的产品势必进入大爆发，比如SAAS（Software-as-a-Service，软件即服务）和PAAS（Platform-as-a-Service，平台即服务）。

05 销售人员的自我形象管理

> "
> 任何人都没有第二次给别人第一印象
> 的机会。不管在哪里做什么，我们都
> 应该让自己更美丽更生动，让自己身
> 心愉悦，光芒四射……
>
> ——俞赛前

- **理想自我**（ideal self），是一个人对希望自己成为怎样一种人的概念；
- **现实自我**（actual self），则是对自己拥有或缺乏的特性所作的更现实的评价；
- **印象管理**（impression management），个人努力管理他人对自己的看法，因而会特意选择让自己看起来出众的服装和产品等行为。

》专业销售人员的形象管理（一）

专业销售人员的形象管理以唤醒和激发客户的正面或积极情绪为目的，围绕以下三个方面进行：

一致性	专业销售人员拜访客户的过程中，态度、行为以及产品或服务必须保持前后一致和上下一致，以满足客户安全感缺失的情感诉求；
稳定性	与客户及供应商的洽谈过程中，专业销售人员在谈判过程中，体现出在受到干扰或遇到突发情况时，可以迅速再返回平衡状态的一种能力；
安全性	依据马斯洛需求层次理论，客户也有安全性的需求，因此专业销售人员必须给客户提供这种情感需求。

≫ 专业销售人员的形象管理（二）

≫ 专业销售人员的形象管理——专业性

专业人才的四种能力（大前研一）

先见能力	对产品、行业和公司的预见性及对一些趋势的判断有自己个人的见地并清晰地表达。
构思能力	有能力将分散信息、资源和知识建构成解决方案的能力并实施。
讨论能力	与客户、同行或在行业内，对行业发展规律、趋势、产品或服务的改善，能够进行充分的探讨，并形成可改善的行为。
适应能力	一个专业销售人员必须具备在任何情况下、任何阶段中，保持清醒的头脑，紧盯目标，适应并化解矛盾。

【引自大前研一《专业主义》，中信出版社2015年版】

>> 专业销售人员的形象管理——可解决问题型

因为客户有需求、有痛点、有意愿解决，所以，专业销售人员一定且必须是可解决问题型，分为两个层次：

提出解决方案的能力

具备实施解决方案的能力

只有当客户信任你可以解决问题时，才会放心与你进一步推进生意。

>> 专业销售人员的形象管理——性价比最优型

时至今日，几乎全部客户需求都有完整的解决方案，并且解决方案由不同的供应商提供，但是，最优秀的专业销售人员必须能突破性提出3W（赢：公司、客户与销售人员自己）的性价比最优的解决方案并实施，客户希望看到的是问题解决的情景。

》专业销售人员的形象管理——关键触点/时刻

| 第一次与客户见面 | 解决方案演示 | 事成之后服务期间 |

》关键触点/时刻——第一次与KP面谈

请记住，你没有第二次机会建立第一印象；与此同时，KP（关键决策人）是整个案子或生意的决策者。所以，这是第一个也是决定性的关键时刻。

> 销售就是谈恋爱，与顾客同初恋；
>
> 从相遇相识、相知到相爱，有情人终成眷属；
>
> 签约成功，走入婚姻殿堂，这时候才真正明白，
>
> 销售不是忽悠，而是真爱；
>
> 专业的销售人员，一直都在寻找属于自己的真爱。
>
> ——俞赛前

》 数字化自我形象管理

朋友圈	以一致性、安全性和专业性三个原则来经营你的朋友圈，塑造个人品牌的自媒体渠道；
微博	个人形象展示的平台和机会，你的价值观、人生观和专业性，以电子化和数字化的方式呈现；
百度百科	基于PC端和公立性的展示机会，精心设计，用心编辑，告诉别人自己是谁。

06 做销售，你需要一个这样的老大！

> 教育的本质是一棵树摇动另一棵树；
> 一朵云推动另一朵云；
> 一个灵魂召唤另一个灵魂；
> 它没有声响，它只是让走在前面的人，
> 做好自己的事，然后，任由改变发生。
>
> ——雅斯贝尔斯
> 德国著名哲学家

【引自《什么是教育》，生活·读书·新知三联书店1991年版】

> 做销售的老大，你必须：
> 扛得起事，带得动队伍，
> 帮助兄弟们赚到钱，
> 有肉吃有酒喝，
> 让兄弟们有发展有前途。
>
> ——俞赛前

》 销售老大的定位

》定位——老师

> 古之学者必有师。师者，所以传道授业解惑也。——韩愈

老师之两大定位

知识传授
销售是一门严谨的科学，有自己的知识体系，而知识的传授完全依赖于直接上级的口授心传。

及时解惑
日常的销售过程中，每个销售人员都会遇到难以理解或无法解决的困惑与难题，而此时老大可能就有解决方案。

》定位——教练

> 年轻人，自己做决定，自己承担后果，才是成长正确的打开方式。
> ——俞赛前

教练之两大定位

正确示范
销售作为一门实践实战性极强的学科，需要有一个带教或者传帮带的过程，也就是"我做你看"，然后让销售人员逐步进入工作状态。

避免掉坑
销售老大一定是经历过多年一线的摸爬滚打、签单无数的销售高手，在多年的实践过程中，亦有过无数的挫折和失败以及不成功的经历，而这些恰是新人成长最好的养料。

≫ 定位——小皮鞭

> 这世界像一个大马戏班子，班主名叫"生活"，拿着皮鞭站在咱们背后使劲地抽打，逼咱们跳火圈、上刀山，你敢不去吗？皮鞭子响了，狠着劲咬紧牙关，也就上了。
> ——亦舒
>
> 【引自《我的前半生》，湖南文艺出版社，2017年版】

小皮鞭之两大定位

威慑力

销售工作需要极度自律和勤奋，每天头顶骄阳，风里来雨里去，还得遭受不断的拒绝或不待见，非常容易出现厌烦或放弃情绪，老大的关注和威慑力是最好的支撑。

痛+疼

金无足赤，人无完人。销售员难免在日常工作中出现失误或过错，及时的反思、警示和惩罚是必要的，也是一个学习和改善的过程，因此需要老大的指导和教育。

≫ 销售老大的职责

业绩管理

销售团队存在的使命就是拿业绩，用结果说话，这就是销售老大最好的价值证明。

销售老大所处的位置决定了他要通过团队成员拿结果，因此团队人员技能的成长和意愿的调整，也是销售老大的必修课。

团队管理

客户管理

客户是我们的衣食父母，客户教会我们成长，给予我们养分，帮助我们成功；一个优秀的销售老大需对团队成员的每一个客户了如指掌，为客户提供最优质的服务。

>> 销售老大的职责

框架	事前	事中	事后
业绩管理	目标拆解	业绩跟进	增量方案
团队管理	人员挑选	技能提升	意愿调整
客户管理	客户分类	资源调配	服务质量和效率提升

"

做销售，请理解你的老大；

做销售，请珍惜你的老大；

做销售，跟对人很重要。

——俞赛前

C 小 结
ONCLUSION |||||||||||

销售工作是一份值得年轻人托付终身的职业。

因为销售工作可以充分体现自我价值，是一份需要创造力和专注力的技能组合系统，对于想从事这个职业的初入者，首先要有一个心理预期和心理建设的过程，尤其是如何定义投入，如何定义失败，如何定义成功。其次，要做好前期的知识积累和技能训练，例如：参加线上或线下的训练营。销售如战场，只有在训练场上流汗流泪，才能降低在战场上流血牺牲的可能性。

销售管理者，不仅是业绩的最主要抓手，更是团队训练和技能传授的教练。作为一个销售团队的老大，肩负着公司业绩的压力和对团队成长的期许，责任重大，因此，销售管理者需不断提升自己和赋能于团队，与团队共同成长。

苦过，哭过，笑过，不枉一声"老大"！

注：以上为第3~6节内容小结，希望对于您对本书的理解有所帮助。

07 客户索要回扣，我该怎么办？

> 受谁的影响大，你就会变成谁；
> 靠什么满足，你就会成为它的样子；
> 什么让你持续满足，什么让你永远不
> 爽，这就是你的命运。
>
> ——俞赛前

》 客户索要回扣怎么办

》 收集信息，明确需求

TIPS:

遇到类似的情况，

第一，认真聆听；

第二，如果客户是非常含蓄地提出来，作为当事人，你应该通过相互之间的谈话来明确话里话外的意思，这是非常重要的；

第三，明确答复客户需求收到，但不能现场答复，需要回公司请示领导，由公司决定。

》及时汇报

TIPS:

遇到类似的情况，

第一，不要隐瞒或遗漏，一五一十和盘托出直接向上级汇报；

第二，等待领导或公司回复；

第三，通知客户整个事情的进展进度以及下一步节奏。

》解决方案

TIPS:

遇到类似的情况，公司一定会有处置方案，通常：

第一，由公司和员工本人来处置；

第二，由公司来统一安排专人处置；

第三，由本人来处置。

第一种和第三种方案由于当事人在场，所以可以交代清楚。

>> 事后跟进

TIPS:

遇到类似的情况，由于存在满足客户和没有满足客户两种情况，尤其是在解决方案中的"第二种"情况，需要本人对客户有一个面对面的说明和解释，以免造成不必要的误会。做生意，买卖不成人情在，不要断了自己的后路。

"

世界很大，物以类聚，人以群分；
销售生涯中，真诚和坦诚地对待每一个客户，
他们亦会如此待你，愿你被客户温柔以待。

——俞赛前

C 小　　　结

ONCLUSION ▌▌▌▌▌▌▌▌▌▌▌▌

销售，是一个职业，是一份事业。

销售，也是一个江湖。人在江湖，自然而然江湖上有自己的传说和故事，也有江湖自己的形形色色、三教九流和恩恩怨怨；所有的恩恩怨怨无外乎义和利。

作为销售的从业者，务必小心谨慎，擦亮眼睛，不唯利，洁身自好，以合适的方式处理销售这个大江湖中的恩怨故事。

注：以上为第7节内容小结，希望对于您对本书的理解有所帮助。

Self-cultivation Towards
the Top Sales

第二篇

销售培训

08 如何实施销售团队"老人"回炉培训?

> 激情是实现目标最好的驱动力;
> 激情是你对所从事的事业有深切的信仰和骄傲;
> 激情能够创造渴望,感染力十足并且产生兴奋感和幸福感。
>
> ——俞赛前

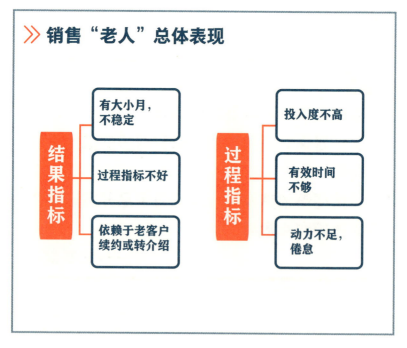

≫ 销售"老人"总体表现

≫ 销售"老人"原因分析

驱动力弱化　老同事的激情和驱动力在弱化，投入度和拿结果能力持续走低。

学习力衰弱　事物永远在不断向前演化，团队、产品甚至客户都在变化，如果不提升学习意愿和能力，对新事物的感觉和敏感性不可避免地会降低。

刺激—反应衰弱　在一个熟悉的环境中，刺激—反应模式已经逐步减弱，无法拉动和调整神经与大脑皮层的兴奋度。

≫ 销售培训——老同事训练计划

维度	设计思路	示范
驱动力	——找回并激发曾经的驱动力 ——寻找新的驱动力	——访谈，吐露心声 ——回到当初
学习力	——设置新目标，对赌或惩罚 ——驱动学习意愿	——设置阶段性目标且必须达成
刺激—反应	——改变团队环境 ——调整作业模式	——调整团队到新环境，并改变其原有工作模式

》销售培训"老人"——关键成功因素

时光倒流，驱动再现！

——组织者需要耗费相当的心思、精力和资源来寻找到当年的初心，再次去唤醒或刺激

树立榜样，再创辉煌！

——老同事对公司产品、客户、制度和流程都非常熟悉，并且有过良好的业绩表现，在帮助团队新人上要充分发挥老同事的优势，与新人互帮互助结对子

"

家有一老，如有一宝；
希望销售老兵发新芽，
树榜样，再出发……

——俞赛前

09 如何制订销售管理层的培训计划？

> "
> 对销售管理者的训练
> 要从团队使命感切入，
> 到团队的荣誉感和责任感结束，
> 激发他们的驱动力才是真正的目的。
>
> ——俞赛前

≫ 销售管理层训练框架

属性	类别	占比	权重
道	使命感	40%	50%
	荣誉感	30%	
	责任感	30%	
术	奖惩管理能力训练	40%	50%
	场景领导艺术	40%	
	压力管理能力训练	20%	

≫ 销售管理培训设计思路

体验为王，体验为王，体验为王！

——体验为王的核心表述：淌过汗，流过泪，有过身体接触

从下往上看，而不是从上往下看！

——整个培训体系的设计要以基层销售代表的视角来设计，他心目中期望的老大是怎样的，希望老大如何帮他

≫ 销售管理培训——"道"的设计框架

具体分类	设计要点	设计路线
使命感	——肩负重大的责任和任务 ——此时此刻，非你莫属 ——自我寻找与实现	危机设置—寻找解决 自我价值—自我实现
荣誉感	——个人自尊心的满足 ——他人的认同 ——个体和集体意识一致	组织—竞技—获得
责任感	——对自我的态度 ——对团队的认同感 ——对公司的感恩	感恩—回报 期待—承诺—行动

≫ 销售管理培训——"术"的设计框架

具体分类	设计要点	设计路线
奖惩管理	——为团队结果买单 ——为自己错误买单 ——言必信，行必果	行为—结果—反应—接受
场景领导	与员工一对一场景 与员工和客户多维度场景	触发—面对—寻求解决
压力管理	——业绩压力场景 ——客户冲突管理 ——员工冲突的场景	刺激—反应—解决—预防

≫ 销售管理培训Tips

☐ **真实案例，真实案例，真实案例！**

所有的训练必须严格遵循MBA案例式教学方式，而案例的选择必须来自一线销售现场。

☐ **解决问题，解决问题，解决问题！**

销售培训，尤其是销售管理者的训练一定是以解决问题为第一要务，所以实战训练中的提炼和抽象，以及事后的复盘极其重要。

资讯最前线——线上培训平台的一路狂奔

进入2020年，线上学习平台进入了一个疯狂的时代，尤其是以钉钉为代表的线上教育平台和以ZOOM（ZOOM高清视频会议）为代表的视频会议平台，在线用户数、使用频率和下载量出现井喷，这意味着线上销售培训也将拥抱全新的模式，尤其是知识类培训势必全面线上化。

10 如何设计销售团队培训计划？

》 培训的核心价值

> 受过培训的人，
> 其思维和行为都会更加训练有素；
> 培训的最终目的是绩效改善而不是福利；
> 培训要为结果负责，是一项企业投资活动，追求
> 的是投入产出比，而销售培训的投入是产出最优
> 的投资。
>
> ——俞赛前

销售培训的总体框架

| 入模训练 | × | 意志力训练 | × | 心理调控训练 |

设计的总体思路:

- 销售工作是一门科学,它既有理论基础,又有严谨的流程和标准;
- 销售又是一门实践性学科,部分经验教训和实践可以被分享和推广;
- 更重要的是,销售人员必须有强大的意志力和掌控力,才可以引导谈判和引导客户,最终拿到业绩结果。

》销售培训——入模训练

类别	方向	内容	权重
入模训练	塑造劲旅中的新秀	企业认知	20%
		产品或服务	20%
		流程和制度	10%
		服从变成习惯	30%
		团队精神训练	20%

≫ 销售培训——意志力训练

类别	方向	内容	权重
意志力训练	锻造心灵的强者	品格素质	20%
		心理认知	20%
		清除恐惧	20%
		压力处理	20%
		自制力训练	20%

≫ 销售培训——心理调控训练

类别	方向	内容	权重
心理调控训练	打造强悍的巨人	勇气训练	25%
		冲突管理训练	25%
		奖惩管理训练	25%
		场景管理训练	25%

>> 销售培训——销售技巧和话术训练

"

人不可能两次踏进同一条河流。与此同理，世界上几乎没有一模一样的客户，只有一模一样的问题，将问题的标准答案烂熟于心即可，这就是基础的销售技巧和话术训练，将其训练成本能的反应。

——俞赛前

>> 销售培训——培训的目标

减少技术性偏差

- 正如新兵入伍前的新兵训练，掌握基础和分解动作，强调一致性；与此同时，严格坚决淘汰末位参训者。

塑造个体中的强者

- 通过集体中的意志力训练和心理调控训练体系，大大提升个体的心理认知能力，为未来的挑战做好积极的心理准备。

11 如何评估销售培训效果？

> 无法衡量效果的培训，
> 是没有意义和价值的；
> 销售培训就是拿业绩说话的培训，
> 是培训中的培训——培训之王……
> ——俞赛前

》 如何评估销售培训效果？

结果为王

过程控制 ⬌ 数据说话

》 预期目标设定

预期目标设定	任何商业组织的行为都有目的性和功利性，起步之初，培训的预期目标设定是最重要的一步。
预期路径设定	目标设定完成之后，就需要精心设计实施路径，也就是施工图，包括工期、施工人员和施工进度。

》 数据说话

■ A／B测试组选定

选定同等外部条件的两组人员，一组参训而另一组不参训，来获取对比数据。

■ 过程实施，数据抽离

在实施过程中，必须把过程指标、结果指标和团队指标全部数字化，因为你如果无法量化，就无法改善。

》 结果为王

结果对比，差异显著化和数字化

必须对所有过程数据、团队数据和结果数据，进行显著化和数据化，以方便比对。

复盘回归，寻找机会

≫ 销售培训评估体系

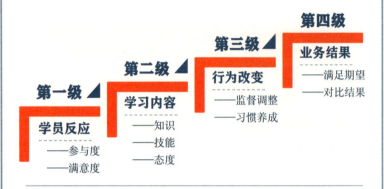

第四级 ◄
业务结果
——满足期望
——对比结果

第三级 ◄
行为改变
——监督调整
——习惯养成

第二级 ◄
学习内容
——知识
——技能
——态度

第一级 ◄
学员反应
——参与度
——满意度

TIPS: 柯式效果评估法并不是割裂的，而是一套评估体系，因此，针对某一类型的培训，可以在第一级、第二级、第三级、第四级中进行组合评估，目的只有一个：准确对每一次的培训进行全面评估。

≫ 销售培训评估体系——第一级、第二级

培训效果评估表							
课程名称：	培训讲师：		培训时间：		培训地点：		
课程内容				1	2	3	4	5
课程内容适合工作和个人发展							
课程内容难易适中，便于理解							
课程内容切合实际，便于应用							
培训师							
培训师表达清晰							
培训师对内容有独到的见解							
培训师能调动课堂气氛							
培训小结							
对本人工作上的帮助							
对此次课程的满意程度							

》 销售培训评估体系——第三级（行为改变）

步骤 / 行为	行为举例	培训前	培训后
培训前准备	客户资料准备		
	拜访路线设计		
	客户预约行为		
客户面谈	产品或服务展示		
	销售方案陈述		
	成交机会把握		
访后回顾	每次回顾		
	输入拜访记录		
	分析未成交原因 提出改善计划		

》 销售培训评估体系——第四级（业务结果）

指标类型	对比指标	A组（未参训）	B组（参训）
过程指标	拜访量		
	有效客户		
	在线时长		
结果指标	续约率		
	ARPU值		
	业绩结果		
团队指标	流失率		
	破零率		
	人均生产力		

» 销售培训评估的最佳实践

■ 评估必须区分变量和不变量

销售培训的评估中，尤其是业绩类指标，一定要区分变量和不变量，这才是评估的重点。

■ 评估是长期的

作为一项销售策略，为了获取有价值的信息，为未来的销售培训调整做准备，必须长期不间断地对指标进行评估。

■ 专人专岗跟进

持续性和一致性是进行销售培训评估的必要条件。

资讯最前线——2020年销售培训的新纪元

进入2020年，经济下行承压，就业形势严峻，尤其是2020年毕业即将走向社会的高等学府毕业生，很大部分将会进入销售行业；与此同时，近两年兴起的保险业务，也需要吸纳大量人才走上保险业务员岗位，就业的需求和线上教育的兴起，极速地拉动着销售培训的发展，行业面临巨大的机会。

C 小 结
ONCLUSION ||||||||||||

销售培训师就像足球场边的教练、训练场上的
教官，不仅教会你如何停球、过人和射击、格
斗，更是依据销售团队的实际需求和业务的需
要，量身定制一套精心设计的训练流程以提升
团队的战斗力。

销售的新人培训，以入模训练为主体内容，更
着重于行业、公司和产品知识的传授；销售的
"老人"培训，以激发或唤醒为主，激励老兵
再发新芽，再上征程；销售管理层的培训，以
场景式的问题解决来提升临场的处置水平。

无论如何，销售培训师是销售策略中必不可少
的一部分，是销售实践的重要环节。如果把一
个销售小白推向客户，就如同将一个不会开枪
的战士推到阵地上，结果是可想而知的……

注：以上为第8~11节内容小结，希望对于您对本书的理解有所帮助。

Self-cultivation Towards
the Top Sales

第三篇

销售团队管理

12 销售人员的出勤，到底管不管？

> " 销售人员的最大天敌：不是客户，也不是竞争对手，而是时间。如何提升销售人员单位时间的产出，是每一个销售管理人员永恒的难题。
>
> ——俞赛前

》 销售人员的出勤到底管不管？

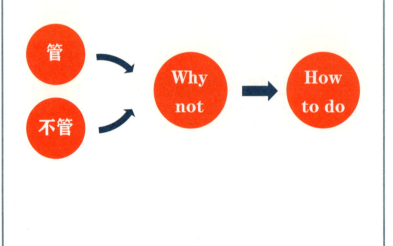

》 出勤——为什么不管？

必须管 {

底薪：
公司已经支付底薪，购买了劳动者的劳动时间

产出：
没有时间的投入，就不会有时间的产出

》 出勤管理

第一步

开宗明义

第二步

用体系和制度来管理

第三步

奖惩有度

》 开宗明义

" 请记住改变自己的想法，并且跟随它走向正确的方向，这依然意味着你是一个自由人。

——马可·奥勒留

TIPS: 在新员工入职时，明确告知工作时间并写入员工手册。

【引自马可·奥勒留《沉思录》，中央编译出版社2008年版】

≫ 用体系和制度来管理

用业绩和结果来管理，每月每周必须有明确目标

用过程和数据来管理，陌生客户拜访数量或在线通话时长

用销售拜访记录和CRM系统来跟进，每天跟进拜访记录

用第三方工具如钉钉或定制手机等打卡软件来管理

必须避免的误区

——光环效应

对待业绩好的销售员工网开一面，手下留情；

——缺乏持续性

团队士气好或者业绩进展良好的时候，就睁一只眼闭一只眼，放任自流；

——对销售支持岗位放任自流

销售团队中有例如运营助理和数据专员岗位，对这些岗位的同事也应该一视同仁。

13 如何挑选潜在的销售冠军？

> **"**
> 选一只会爬树的猴子。
> 没有人天生就是领袖，
> 精英都是训练出来的。
>
> ——俞赛前

》 如何挑选潜在的销售冠军？

需求输入 → 冠军画像 → 渠道选择 → 面试环节

↑ 　　　　　　　　　　　　　　　　　　 ↓

工作体验 ← 正式录用 ← 试用评估 ← 最佳实践

》 需求输入

行业特点	快消、耐消、教育、金融、地产、互联网、医疗……

客户类型	小企业客户/大企业客户、个人消费者、政府及公用事业、医院、电信运营商、厂矿企业、制造型企业……

TIPS： 企业所处的行业和客户类型，对销售模式提出了特定的需求；而销售人员的素质，直接决定了企业销售收入的高低。

》 冠军画像

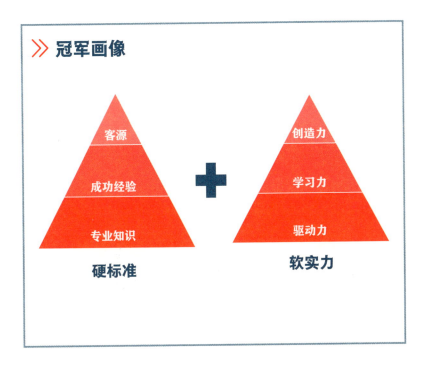

客源

成功经验

专业知识

创造力

学习力

驱动力

硬标准 ✚ 软实力

》 渠道选择

渠道选择	吸引同行	内部推荐	找销售小程序	BOSS直聘	就业学生退役军人
优势	拿结果能力强	性价比高	专业靠谱	有知名度	可塑性较强
需关注	同行恶性竞争	裙带关系	面试技巧	面试技巧	成长周期较长

≫ 销售冠军六力模型

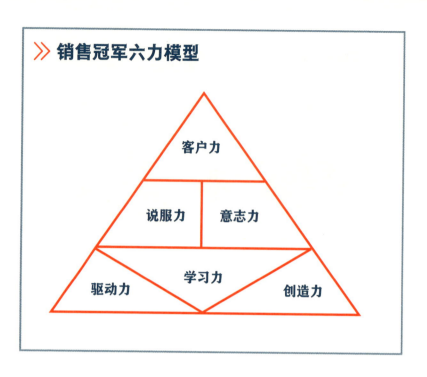

≫ 面试环节之驱动力测评

核心能力	层级	评分标准	面试问题
驱动力 20%	符合标准	1分：能够胜任本职工作	1.请告诉我，你目前业绩排名第几？有想过做第一吗？你是怎么做的？ 2.你为什么选择销售工作？你从中获得最大的收益是什么？你什么时候会放弃？ 3.你目前业绩排名第几？为什么没有做到销售冠军？ 4.未来两年内，你最大的焦虑和压力来自哪里？你准备如何应对？
	积极主动	2分：做好本职工作并积极主动去做更多能做的事情	
	超越自我	3分：不断挑战更高的目标	
	超越他人	4分：学习别人的优点，青出于蓝而胜于蓝	
	超越极限	5分：敢想敢做，给自己定高目标并达成	

>> 面试环节之学习力测评

核心能力	层级	评分标准	面试问题
学习力 15%	认知和记忆	1分：对于一些内容能记住	1.你与销售冠军的最大差距是什么？ 2.请分享一个你参加的最有价值的培训，你是如何运用到实际工作中去的？效果如何？ 3.你从主管身上学到了什么？你准备如何应用在工作中？
	理解和运用	2分：对于新东西能够融会贯通并运用到工作中	
	内化并构建	3分：能对学到的知识进行转化并能掌握运用的方法	
	扩展并衍生	4分：运用学到的知识做到举一反三，灵活运用	
	分享并输出	5分：自己学到的知识能够总结出来并分享给同事	

>> 面试环节之创造力测评

核心能力	层级	评分标准	面试问题
创造力 15%	遵循现状	1分：安于现状，对工作和生活状态都不做改变	1.过去的工作中，你对公司或团队提出哪些自己的建议？当时的背景是什么？结果如何？ 2.为了提升你个人的工作效率，你做了哪些改变？ 3.请描述一个你超出客户期望而成交的客户案例。
	尝试变革	2分：试图改变目前的状况	
	改变现状	3分：付诸行动来改变自己的现状	
	创造变化	4分：不断进取，让工作和生活往更美好的方向发展	
	突破思维	5分：打破传统思维，总是超前想到更好的解决方法	

≫ 面试环节之客户力测评

核心能力	层级	评分标准	面试问题
客户力20%	主动寻找	1分：积极主动寻找客户	1.请描述你在客户拜访前的准备工作，以及做准备工作的目的。2.请描述一个客户需要个性化服务的案例，以及你是如何解决的。3.与客户签约之后，你是如何维护已签约客户关系的？
	及时回应	2分：第一时间响应客户需求	
	个性化服务	3分：根据客户的需求提供符合期望的服务	
	挖掘潜在需求	4分：挖掘客户的潜在需求，想在客户前面	
	重视长远利益	5分：和客户保持良好的关系，以便二次合作或推荐新客户	

≫ 面试环节之说服力测评

核心能力	层级	评分标准	面试问题
说服力15%	直接说服	1分：简单直接暴力逼单	1.与你成交的客户中，请举一个成功案例，说明你是如何说服客户成交的。2.与你未成交的客户中，请举一个失败案例。3.在你以前的销售过程中，客户对你的产品或服务产生疑虑，你是如何应对的？4.请举例说明你怎样把一个偶然购买的客户变成经常购买或向你推荐其他客户的人。5.请讲述一个你遇到的最困难的销售经历，你是怎样劝说客户的？
	简单多元	2分：能够综合多方面利弊去进行分析	
	对症下药	3分：在客户纠结的点上突破，说服客户	
	整合资源	4分：能够有所侧重和取舍，对客户分类对待	
	利益联盟	5分：与客户或者同事进行合作以达到利益最大化	

>> 面试环节之意志力测评

核心能力	层级	评分标准	面试问题
意志力 15%	信念坚定	1分：相信自己可以克服困难	1.你在上一家公司中遇到的最困难的事情是什么？你是如何处理的？ 2.请举例说明上级给你的销售任务量很高、难度很大时，你是如何处理的。 3.你坚持最久的一件事情是什么？坚持了多长时间？为什么坚持下来？
	行为坚定	2分：会为克服困难去付诸行动	
	克服困难	3分：面对困难能去主动克服，不逃避	
	自我激励	4分：为自己打气，面对困难始终保持乐观的心态	
	意志顽强	5分：面对困难一次次去挑战，百折不挠	

>> 工作体验之试岗

单独试岗 ➕ 与老销售共同拜访

TIPS:

1.观察候选人在现场的表现，验证面试时的判断；

2.从求职者角度，来判断工作适合度（job fit）；

3.需征得对方同意，支付报酬并缴纳意外伤害险。

≫ 正式录用

背景调查 **正式录用**

调查清楚：
- ☐ 基本资料真实性
- ☐ 工作经历真实性
- ☐ 销售能力真实性

交代清楚：
- ☐ 工作内容及职责基本要求
- ☐ 考核方式和考核周期等
- ☐ 介绍工作的相关利益者

≫ 试用期评估例证

指标	维度	权重	小计	指标	维度	权重	小计
过程指标（50%）	拜访量	40%		结果指标（50%）	业绩结果	40%	
	客户开发	40%			回款结果	40%	
	ABC类客户	20%			客户满意度	20%	
得分				得分			

14 如何迅速调整"老人"的状态？

> **"**
> 动机的流失、心理诱因缺乏
> 和外部刺激的减弱，
> 是销售团队中"老人"下滑的三大主因。
> ——俞赛前

》 如何迅速调整"老人"的状态?

```
记录    →    归因    →    解决    →    反复
现象              方案         验证
```

》 记录现象

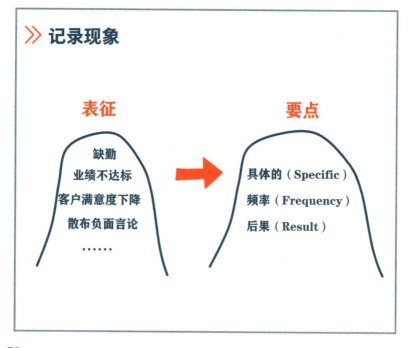

表征　　　　　　　　　　　**要点**

缺勤
业绩不达标
客户满意度下降
散布负面言论
······

具体的（Specific）
频率（Frequency）
后果（Result）

》归因

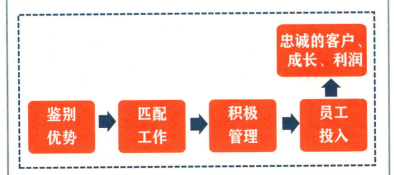

》解决方案——动机

> 动机是一种激发行为并使之
> 指向某一目标的需要或欲望；
> 人类动机的目的并不是消除唤醒，
> 而是寻求最佳唤醒水平。
> ——戴维·迈尔斯

【引自戴维·迈尔斯《社会心理学（第11版）》，人民邮电出版社2016年版】

≫ 解决方案——心理诱因

唤醒"老人"的正、负激励的拉动，这就是主管应该去做的，比如去刺激或强化"老人"的荣誉感和责任感等。

≫ 解决方案——最佳唤醒

" 为了寻回"老人"的原始动机，
主管要善于制造内部刺激
和外部刺激的交互作用，
唤醒"老人"沉睡的斗志和动机。

——俞赛前

≫ 解决方案——发现"老人"的优势

发现优势	价值
什么活动让"老人"快乐？	驱动
什么活动让"老人"期待？	唤醒
"老人"喜欢哪种类型的挑战？	刺激
"老人"哪种任务最擅长？	唤醒

≫ 解决方案——绩效改进表

绩效改进表							
工号		姓名		职位		部门	
时间		地点		参加人员			
数据指标		目前业绩表现		绩效目标			
拜访量							
业绩							
回款							
客户满意度							
续约率							
A／B类客户							
时间区间		年　月　日—　年　月　日					

本人认同以上方案，若未达到，愿意接受因此而带来的一切后果。
本人签名：　　　　　　　　　　　直接上级签名：
人力资源主管签名：　　　　　　　分管领导签名：

>> 反复验证

> **只有当"老人"的需求和刺激并存时,**
> **他才会感到强烈的驱动;**
> **这是一个长期持续和尝试的过程,**
> **主管必须为此做好准备。**
>
> ——俞赛前

>> 最佳实践

如何唤醒或调整老员工的状态?这是销售管理者的必修课,以下三点最佳实践可供参考:

新老员工结对子,让老员工当师傅带徒弟
以责任和荣誉来唤醒,并通过新人来刺激老员工的斗志;

承担更多的销售培训职责
老员工的经验、对公司和客户的熟悉程度是宝贵的财富,要人尽其才;

承担部分管理责任
比如小组长或某一个活动的负责人,赋予老员工更大的价值平台。

15 通过新老员工结对子，提升存活率，你会吗？

> 幸福的主要决定因素包括物质财富、身体健康、自由以及身体、物质和心理上的安全。但是，幸福在很大程度上取决于与他人的紧密联系网络，而且幸福感在我们工作并寻找工作的意义时会得以增强。
>
> ——俞赛前

》 通过新老员工结对子，提升存活率，你会吗？

》 Why——为什么要结对子？

团队 > 个人
1 + 1 > 2

■ 理论依据：从长远来看，人们相互间不仅交换物质性的商品和金钱，还交换社会性的东西——爱、服务、信息、地位等；依据"社会经济学"指引，人们的心理动机在于成本最小化和收益最大化。

>> Why——为什么要结对子?

■ 对于老员工而言，意味着:

动机

外部奖赏	提升团队对老员工的认同感;
内部回报	提升自我价值感;
互惠规范	新人也可以给老员工带来成就感;
社会责任规范	人们期望应该去帮助需要的人。

>> Why——为什么要结对子?

■ 对于新人而言，意味着:

动机

安全性需求	安全、可靠和稳定需求;
归属感需求	尽快获得团队成员的认可;
自身利益需求	尽快获利提升自我价值。

>> Why——为什么要结对子？

■ 对于公司（平台）而言，意味着：

动机 {

团队凝聚力和融洽度

业绩最快最大化

>> How to do ——甄选

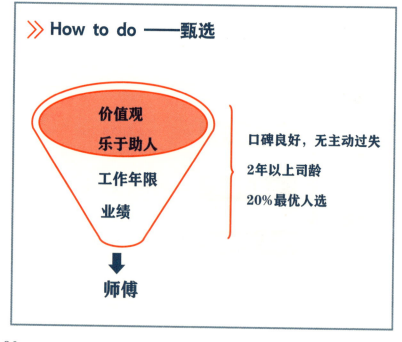

价值观
乐于助人
工作年限
业绩

口碑良好，无主动过失
2年以上司龄
20%最优人选

师傅

体制建设 { 荣誉至上

利益捆绑

落地清晰

对于老员工，

这是认可，

更是一份沉甸甸的责任，

也是公司（平台）对老员工的期许。

>> Action plan——体制——利益捆绑

依据经济学原理，

付出和收获必须是正相关的

合适的利益捆绑有助于长期的稳定。

>> Action plan——体制——落地清晰

平台需要以书面形式详细列明双方的动作、行为甚至是考核和奖励标准，并确保双方明白知晓。

> 快乐的人，
> 都是乐于助人和乐善好施的人。
> ——俞赛前

16 是否应该晋升销售冠军做主管？

> 世界上有三样东西极其坚硬：
> 钢铁、钻石，以及认识自己。
> ——本杰明·富兰克林

【转引自戴维·迈尔斯《社会心理学（第11版）》，人民邮电出版社2016年版，第33页】

≫ 是否应该晋升销售冠军做主管？

≫ 胜任力模型——主管（一）

> 胜任力是指将某一工作中卓有成效者与普通者区分开来的个人的深层次特征，可以是动机、特质、自我形象、态度或价值观等可被测量或计数的个体体征。
>
> ——戴维·麦克利兰
> 哈佛大学教授

【McClelland, D. C. (1973). Testing for Competence Rather than for "Intelligence". *American Psychologist,* 28, 1-14. 】

>> 胜任力模型——主管（二）

模型	胜任素质	得分
管理自我	成就导向	
	学习创新	
管理团队	团队管理	
	沟通协作	
管理业绩	客户导向	
	目标管理	

>> 选择流程及方式

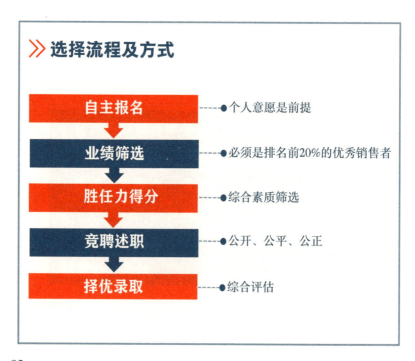

自主报名	●个人意愿是前提
业绩筛选	●必须是排名前20%的优秀销售者
胜任力得分	●综合素质筛选
竞聘述职	●公开、公平、公正
择优录取	●综合评估

》 岗前训练

TIPS:
1.角色转换是指完成从自我管理到管理团队的观念转变；
2.基本技能是指作为主管必须掌握的工具和流程等。

》 三大关键思考维度

必须以个人意愿为主，避免硬拔；

必须挑选有强烈利他意愿的候选人；

必须坚持公开、公平、公正的原则，避免黑箱操作。

> **销售团队，**
> **很多问题有80%是业绩差造成的，**
> **有单（业绩）治百病。**
>
> ——俞赛前

》 最佳实践

是否晋升销售冠军？回答是肯定的和明确的，但一定要帮销售冠军完成从自己拿结果到帮助团队拿结果、帮助其他人更成功的心态转化。

行为规范	销售冠军最容易表现出个人自我意识的膨胀，一定要弱化其心态，并逐步引导和规范。
陪访	这里指的是更高一级的销售管理者来陪访销售冠军做主管后的工作状态，观察其行为并辅助调整工作模式。
演示	这里是指更高一级的销售管理者要向销售冠军演示如何辅导员工，将主管的行为习惯逐步教会给销售冠军，完成扶上马送一程的模式。

C小 结

ONCLUSION ▮▮▮▮▮▮▮▮▮▮▮▮

销售团队的管理从管理对象的层次来说，可以区分为销售个体和销售团队。众所周知，销售人员的水平高低，直接决定了业绩好坏，因此，销售人员的选、育、用、留是每一个管理者的基本功和必修课。

选：这里提出的"销售六力"胜任力模型，试着对各个胜任力进行了基本轮廓的描述，还设计了简单实用的工具和表格供各位参考。

育、用、留：销售人员天然靠业绩说话，按照销售土话来说：剩者为王，就是此理。据此，销售人员在开发客户、谈判和服务客户的实践中，也就是一个不断汲取、不断学习和不断成长的过程。销售工作，应该是一份终身职业，"活到老，学到老"同样适用于销售人员。

销售冠军，每个管理者眼中的香饽饽。销售冠军是由1%的天赋和99%的勤奋铸造而成的。因此，挑选出有潜质的销售人员是第一步，紧接着，需要大力的培养和训练，并不断在销售这个战场上去碰撞，去实践，终究有一天会横空出世，鹰击长空！

注：以上为第12~16节内容小结，希望对于您对本书的理解有所帮助。

17 早启动和晚分享
——这样做才有效

> 当同伴们都认为自己承担着超出应该分担的责任时，他们往往缩小自己的责任，抑制自己的努力，并且有时以一些破坏性的方式表现出来；然而当目标十分重要、奖励巨大且存在团队精神时，人们会在团队中付出更多的努力。
>
> ——俞赛前

>> 早启动和晚分享的行为学解释

早启动和晚分享终究是一种群体的行为，
而将这种群体行为的价值最大化，
是每一个销售管理者最大的挑战和最好的机会。

>> 早启动

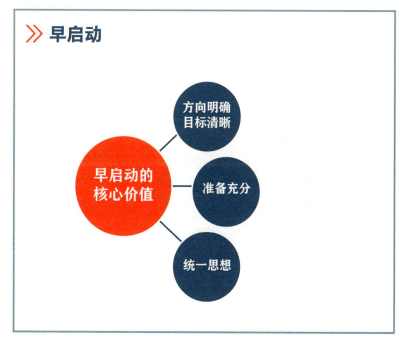

≫ 早启动

**方向明确
目标清晰**
是指团队中每一个成员都非常清楚当天的目标，比如拜访几家客户或达成几个订单，无论是过程性指标还是结果性指标都要做到人人心中有数。

准备充分
部队开拔战场前列队集合待命时，指战员一定会认真检查战士们的武器、弹药和干粮是否准备妥当；与此同理，销售资料、工具包和承诺客户的物件是否妥当，要再次逐一核实。

统一思想
销售团队经常会有阶段性的战术打法和要求，要求全体员工共同冲刺同一目标。因此，统一思想尤其重要。

≫ 晚分享

》 晚分享

检查当日工作质量 销售团队每天每时每刻都必须拿结果说话，当日事当日毕，必须进行阶段性汇报，以掌握业绩进度。

经验及教训分享 主要是团队内每个成员就当日拜访的情况进行再现，团队成员一起群策群力，力争效果最优化。

复盘与总结 销售管理者必须针对当天个体和团队整体情况进行及时的点评和辅导，指引方向、分享资源以及提供建议，帮助团队进行提升。

必须避免的误区

——内容空洞，千篇一律，流于形式

早启动晚分享必须以业绩结果和团队表现为出发点，以解决问题为目标；

——出勤率偏低，信息传达不到位

很多销售人员打着拜访客户的幌子，找借口不参加早晚会，必须严肃纪律，除非特殊情况，不可以借故不参加。

18 如何及时感知团队（尤其是远程且多团队）状态？

> "
> 要有所发现，
> 不仅要见人之所见，
> 更要思人之未思。
>
> ——奥尔贝特·圣捷尔诘
> 匈牙利生理学家、维生素C发现者

【转引自《社会心理学（第11版）》，人民邮电出版社2016年版，第266页】

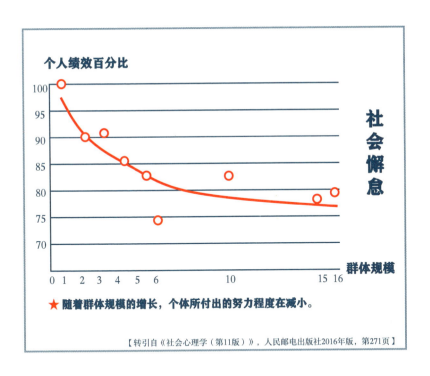

★ 随着群体规模的增长，个体所付出的努力程度在减小。

【转引自《社会心理学（第11版）》，人民邮电出版社2016年版，第271页】

>> **如何及时感知团队状态（尤其是远程且多团队）团队？**

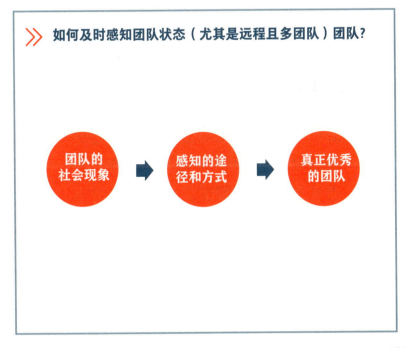

>> 团队的社会现象（一）

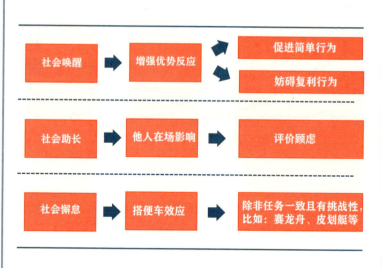

>> 团队的社会现象（二）

> 部门负责人必须清醒地从团队心理学的角度，意识到问题的存在；只有在思想意识层面高度重视，才有可能加以改善。
>
> ——俞赛前

》 感知的途径和方式

结果指标	----● 是指团队及个体KPI指标；
过程指标	----● 与核心指标强相关的过程指标；
市场走访	----● 拜访新客户回访老客户，倾听客户反馈；
陪同拜访	----● 与销售团队一起拜访客户；
第三方	----● 比如"政委"体系，提供独立第三方的信息。

》 最佳实践

在感知的途径和方式中，销售管理者必须对收到的信息进行清洗，并找出真正的原因。

第一步 利用相互验证，清洗信息并去陈除杂，这一步的价值是要找到真正的信息和准确的信息，为找原因输入高质量信息。

↓

第二步 分析行为信息找到根本原因。

↓

第三步 整合资源，马上行动。

19 销售团队的高压线
——不可逾越的底线

> 规范的最大价值在于公平，
> 因为突破规范的边界将会导致不正当获利，
> 从而破坏团队的秩序和稳定性。
>
> ——俞赛前

》销售团队的高压线——不可逾越的底线

名词解释 **+** 内容框架 **+** 落地动作

》名词解释

高压线，通常指的是输送10kv以上的电压输电线路；销售团队中的高压线是指公司明文指定的不可逾越的规章制度，否则将受到严厉的处罚，亦称红黄线等。

》内容框架

行为 描述	+	处罚 标准	+	异议 程序	+	告知 程序

》内容框架

行为 标准	既然是最严厉的处罚，必然是因为对客户、公司和团队的利益造成了损失。
行为 描述	所有内容必须是具体的、可追溯的和可明示的行为，切忌大而泛之。
告知 程序	告知程序分为事前告知和事后告知，必须让所有人充分知晓并确认收到告知信息。

内容框架——分类

对象	分类	行为描述	处罚
对客户	低	过度承诺等未造成实际损失	警告并罚款
	中	骚扰客户造成投诉等	处分并罚款
	高	欺骗客户造成了经济损失等	解聘
对公司	低	泄露公司及客户资料	警告并罚款
	中	协同第三方欺骗公司获利	处分并罚款
	高	卷走货款或货物等	解聘
对团队	低	与同事发生口角、争执甚至辱骂	警告并罚款
	中	通过不正当方式获取折扣或资源等	处分并罚款
	高	恶意蓄意抢走客户资源	解聘

落地动作

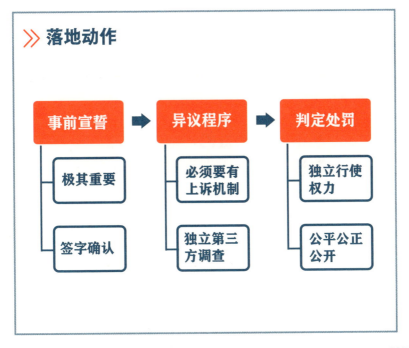

事前宣誓	→	异议程序	→	判定处罚
极其重要		必须要有上诉机制		独立行使权力
签字确认		独立第三方调查		公平公正公开

>> 核心关键

必须是具体可追溯的行为或结果。

处罚程序最好有法务或律师参与；

对于失信、贪腐等恶劣行为，必须严惩不贷；
必要时可向当地公安部门报案，提起司法诉讼。

"
惩罚不是唯一目的，规范行为、养
成习惯并坚决执行是销售团队的优
秀品质，就像金子一样难能可贵。

——俞赛前

20 员工的分类管理
——销售管理层的基本功

> **"**
>
> 员工是怎样的人，
>
> 取决于主管想让他
>
> 成为什么样的人。
>
> ——俞赛前

≫ 员工的分类管理——销售管理层的基本功

员工
行为曲线
+
员工
四宫格
+
分类
管理

≫ 员工行为曲线

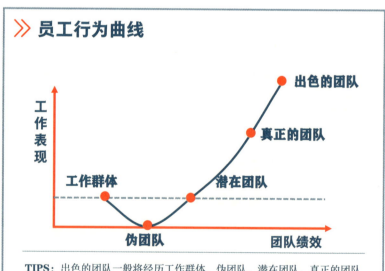

TIPS： 出色的团队一般将经历工作群体、伪团队、潜在团队、真正的团队和出色的团队五个阶段，团队的管理者必须考量现状，及时赋能和逐步调整升级，才能打造一支真正高绩效的团队。

》对团队基本要素的集中描述

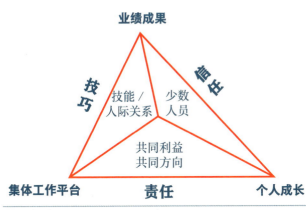

TIPS: 团队的基本要素首先是集体工作平台，管理者必须将重点聚焦于个人成长，才能取得预期的业绩成果；而责任、信任和技巧的培养是关键步骤。

》员工的四宫格

TIPS: 销售团队依据过程和结果及意愿和能力，将团队成员进行强制分类有助于管理者拆解管理资源，做到因材施教，从而逐步提升团队的整体绩效。

> 人在一起叫聚会，
>
> 心在一起叫团队；
>
> 带团队从心开始，
>
> 不要让任何一个人掉队。
>
> ——俞赛前

》员工的四宫格

类别	机会点
小白兔	下目标，限期整改；达不到，坚决淘汰
农夫	加强销售技能训练和陪访，协助拿单树立信心
老黄牛	提升技能为先，或转为销售助手继续沉淀技能
猎人	下达过程性KPI，改变行为或习惯
STAR	赋予更高的挑战目标或更大职责

>> 员工管理的思维导向

一切为了增长
All for growth

人是根本
People-first
principle

赋能予人
Enabling
for all

TIPS: 作为销售团队的管理者，以上三点是团队管理的核心思想和指导思想，要逐步分解并落实到日常的管理行为中，助力销售目标的达成。

> ❝ 聚是一团火，
> 散是满天星；
> 每个人都是自己天空中那颗最亮的星。
>
> ——俞赛前

21 如何提升低绩效员工的业绩表现？

> 员工离职的原因林林总总，只有两点最真实，
>
> 1. 钱，没给到位；
>
> 2. 心，委屈了。
>
> ——马云
>
> 员工的离开，80%的原因是被主管推出去的；
>
> 而且他不会告诉你。
>
> ——俞赛前

≫ 低绩效员工的业绩表现提升

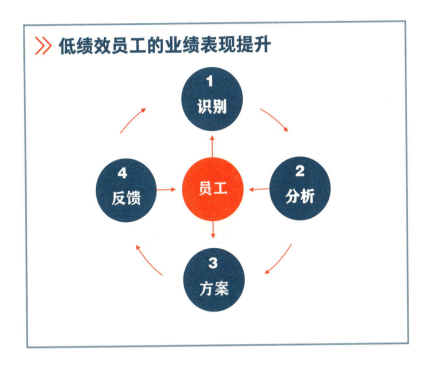

≫ 识别——定义

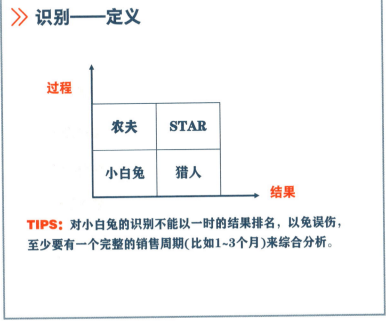

TIPS: 对小白兔的识别不能以一时的结果排名，以免误伤，至少要有一个完整的销售周期(比如1~3个月)来综合分析。

>> 分析框架——厘清现状

剔除外部因素

1

厘清现状

相对排名/
绝对值   3   2   与自己业绩的
同比和环比

TIPS： 每一个员工都是值得珍惜和培养的可塑之材，管理者在对员工及其表现进行识别时，切记务必对干扰因素进行识别和排除，以免误伤和错伤。

>> 分析框架——冰山理论

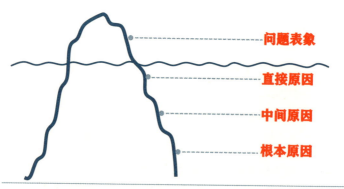

问题表象

直接原因

中间原因

根本原因

TIPS： 作为一名优秀的管理者，在对员工表现进行了定义之后，接下来必须对其形成的原因进行深层次的分析，目的是要找到真正的原因，只有这样，才有可能对症下药，力争做到药到病除。

》方案——解决方案（一）

明确处置方案
（留还是去？）

签署《绩效改进表》
（SMART原则）

表明坚决的态度
（人力资源主管参与的
正式面谈）

TIPS: 在经过了分类、定义和原因分析之后，有一个非常重要的步骤：与员工本人（有第三方在场）进行一次公开、公正和透明的正式会谈，明确表示对其表现的评价和判断。一方面是一个验证过程，另一方面是一个明确期望值和达成共识的必要阶段，力争做到程序合规且开诚布公，避免管理资源的浪费。

》方案——解决方案（二）

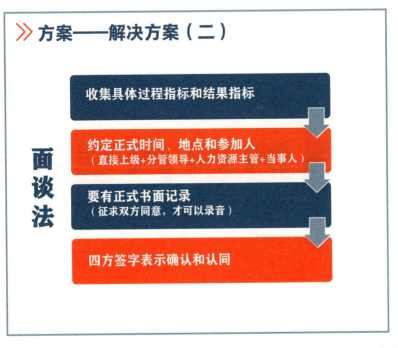

面谈法

收集具体过程指标和结果指标

约定正式时间、地点和参加人
（直接上级+分管领导+人力资源主管+当事人）

要有正式书面记录
（征求双方同意，才可以录音）

四方签字表示确认和认同

≫ 方案——解决方案（三）

绩效改进表							
工号		**姓名**		**职位**		**部门**	
时间		**地点**		**参加人员**			
数据指标		**目前业绩表现**		**绩效目标**			
拜访量							
业绩							
回款							
客户满意度							
续约率							
A／B类客户							
时间区间		年 月 日— 年 月 日					

本人认同以上方案，若未达到，愿意接受因此而带来的一切后果。
本人签名： 直接上级签名：
人力资源主管签名： 分管领导签名：

≫ 反馈——ＳＭＡＲＴ原则

S	M	A	R	T
Specific	Measurable	Available	Relevant	Time-bound
具体的	可测量的	可达到的	相关性	时间期限

TIPS： 与员工签署的《绩效改进表》必须严格遵守SMART原则，并获得四方一致认可，否则《绩效改进表》会成为驱逐和泄私愤的工具，这样将破坏员工与管理者和公司的信任关系。

》 对待低绩效员工三大原则

不抛弃，不放弃

开诚布公，同心协力

屡教不改，坚决淘汰

利益冲突是对待低绩效员工不同做法的根本原因。销售管理者一般只对销售业绩负责，很少考虑劳动力成本。销售管理者在业绩压力下，有时候管理动作会变形，不愿花时间训练团队，达不到需求就立马换人，这是典型的快餐式思维。因此，对于销售管理者要灌输培养人和锻炼人的观念，并用培训体系来赋能一线销售人员，提升员工留存率。

C小结
ONCLUSION ▮▮▮▮▮▮▮▮▮▮▮▮

销售团队的管理法则：

——以客户为切入点

——以业绩为抓手

——以员工分类为起点

——以过程好、结果好为衡量指标

销售行业内的管理法则，必须坚持过程和结果互为因果关系，有好的过程才会有好的结果。一方面，过程是因，结果是果；另一方面，以结果为导向的过程，结果又成为因，过程为果。

销售行业对过程和结果的销售土话：

——出单治百病

——团队的一切问题都源自业绩出了问题

因此，作为销售团队的管理者，务必以客户为切入点，通过对客户推进节奏的判断，并结合销售人员的销售实践活动来感知和判断团队状态，拿出有针对性的解决方案；而对于团队成员的分类帮助，这里提供了一个最佳实践工具，以提升管理者的效率，从而推动人均效率的提高，这才是销售团队管理者的不二法则。

注：以上为第17~21节内容小结，希望对于您对本书的理解有所帮助。

22 如何迅速提升销售团队的执行力？

> **"**
> 觉得为时已晚的时候，
> 恰恰是最早的时候；
> 速度第一，完美第二；
> 行动第一，完美第二；
> 结果第一，过程第二。
>
> ——俞赛前

> **"**
> 销售团队的执行力，
> 就是持续拿结果的能力；
> 执行力是一整套的完善的体系，
> 而非简单的动作组合。
>
> ——俞赛前

》如何迅速提升销售团队的执行力？

内在
动机

目标
一致

问责
机制

执行力
体系

过程
清晰

专业
至上

分工
明确

>> 内在动机（一）

> "
>
> 这时代不需要更好的管理，
> 而需要自我管理的复兴；
> 人类的天性决定了他们会寻求对自己命运的
> 掌握权，希望自己引导自己。
>
> ——丹尼尔·平克

【引自《驱动力》，浙江人民出版社2012年版】

>> 内在动机（二）

三步走

1. 挑选或甄别具有高度内在成就动机——自驱力的员工；

2. 唤醒或激发有自驱力的员工，从而提升个体的投入度；

3. 塑造积极、正面和向上的团队氛围。

» 目标一致

在满足个体和团队的利益之前，切忌大谈特谈所谓的使命感，这是对人基本需求的挑战；真正的CEO应该是在与团队一起工作中不断以身作则，践行价值观的。

使命感趋同

更少却更好，永远牢记最重要的事情只有一件，只有上下同欲，才有可能大胜，长胜。

目标极简

"我创建公司时设计了持股制度，通过利益分享，团结起员工……仅凭自己过去的人生挫折，感悟到要与员工分担责任，分享利益……这种无意中插的花，竟然今天开放到如此鲜艳，成就华为的大事业。"
——任正非：《一江春水向东流》（2011年）

利益一致

» 过程清晰——图纸和施工图

> " 正如建设一座大桥，一定要有一个总设计师，而更重要的是有一张设计图纸和施工进度表；工作亦是如此，如果一开始没有清晰的规划，成功的概率极小。
>
> ——俞赛前

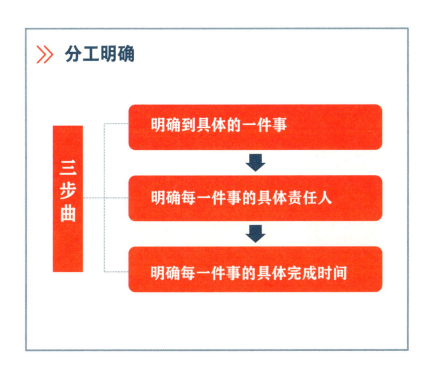

》 分工明确

三步曲

- 明确到具体的一件事
- 明确每一件事的具体责任人
- 明确每一件事的具体完成时间

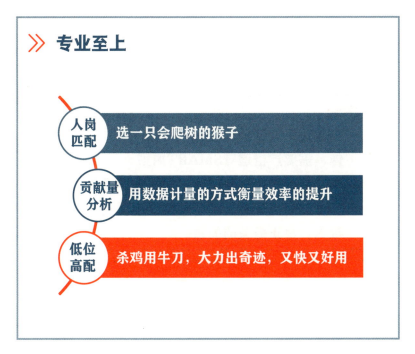

》 专业至上

人岗匹配 选一只会爬树的猴子

贡献量分析 用数据计量的方式衡量效率的提升

低位高配 杀鸡用牛刀，大力出奇迹，又快又好用

》 问责机制

权责利对等
按劳分配，多劳多得；我们为不懈的努力鼓掌，为结果付酬劳；

兜底保障
所谓的问责机制，从心理上来讲，其实是一个兜底的保障条款，一把达摩克里斯之剑悬在头顶，标志性的意义是督促和提醒。

TIPS:
1. 需要特别关注拆解过程，目标一定要具体，需要严格遵守SMART原则；
2. 上层要重视，整个执行力体系的塑造成功与否与最高决策层参与和重视程度相关性极大，呈正相关的关系。

23 如何打造勇往直前战无不胜的销售铁军文化？

> 销售不是依靠艰苦努力就可以取得成就的，销售是依靠大脑、依靠学习、依靠思考和依靠智慧的；与此同时，销售能力是决定一家公司成败的关键因素。
>
> ——俞赛前

》 如何打造勇往直前战无不胜的销售铁军文化?

铁军文化的
定义

打造铁军文
化三步曲

铁军文化的
铁三角

铁军文化的
内涵

■ **文化的名词解释:**

文化是一种能力，可以把一件事情变为一种模式并最终变成一种身份认同。

模式	事件	身份
——价值观（我们相信的） ——行为准则（期望行为、不成文规定、仪式等） ——我们做决定、管理信息、对待他人和处理冲突/差异的方式	——象征 ——仪式 ——故事 ——物理环境	——客户：什么是客户的购买标准/价值主张? ——品牌：什么是我们渴望的品牌形象? ——身份：我们因什么而闻名? ——声望：什么是我们社群的印象?

> 一个伟大的组织能够长期生存下来，最主要的条件并非结构、形式和管理技能；而是我们称之为信念的那种精神力量以及信念对组织全体成员所具有的感召力。
>
> ——汤姆·彼得斯

【引自《追求卓越》，中信出版社2012年版】

》 销售铁军的定义

——忠于目标，忠于团队，忠于公司

——不怕苦，不怕累，勇往直前

——作风硬朗，纪律严明，令行禁止

≫ 销售铁军文化的三个基本内涵

必胜的
精神和信念

面对竞争
战无不胜

忠于目标，说到做到

销售铁军文化

忠于目标，说到做到

销售团队的目标是刻在石头上，而不是写在沙滩上的。业绩结果是对个人和团队能力与意愿的最好证明！

面对竞争战无不胜

销售究其本源，就是一场没有硝烟的战斗。无论是面对客户，还是竞争对手，销售铁军唯一的信念就是：胜利！

必胜的精神和信念

一支优秀的销售铁军团队，必须具备攻无不克战无不胜的气质和信念；首仗用我，用我必胜，是我们的信仰。

≫ 销售铁军文化的打造三步曲

```
定义        事件        压塑
身份        营销        成型
```

≫ 打造铁军文化三角

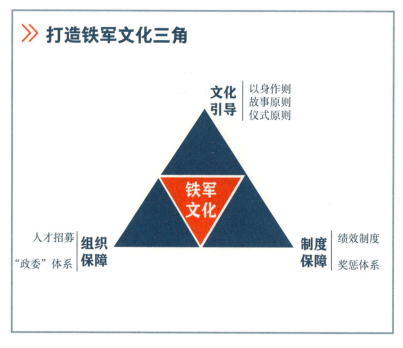

文化
引导　以身作则
　　　故事原则
　　　仪式原则

铁军
文化

人才招募　组织
"政委"体系　保障

制度　绩效制度
保障　奖惩体系

>> 最佳实践

销售团队铁军文化打造的最佳实践分享：

销售目标 永远第一	销售团队管理者时刻都要灌输目标意识、对目标的忠诚、对目标的执着，不到最后一刻绝不放弃。
永争第一	销售只有第一，没有第二，让每个成员永争第一，江湖必须有自己的传说。
永不放弃	对目标不放弃，对团队成员不抛弃，不放弃；销售永远是团队的大胜，而不是个人的小胜。

销售铁军——一个鲜为人知的秘密

——一言九鼎，说到做到

不要假大空的目标：月初扯着脖子拍着胸脯说，没问题，保证完成任务；月末耷拉着脑袋，一言不发。这种情况比比皆是，必须扭转，哪怕是很低的目标，也是要必须完成的。

——销售管理者以身作则是成功的首要因素

销售铁军的文化：必须以最高的销售管理者以身作则为起点，从上往下，做到上下同欲，使命必达。

C 小 结

ONCLUSION ｜｜｜｜｜｜｜｜｜｜｜｜

销售铁军，执行力，又红又专……

一支真正的销售铁军，用一句话描述：指哪打哪、马上拿结果的销售团队。

执行力是一个体系，不是简单的动作组合，也不是机械式的简单执行。 作为销售管理者必须首先明白这一点，然后以共同的目标和共同的利益为出发点，绑定在同一个体系中，最后以规定的时间、规定的动作和规定的结果来逐步打造团队的执行力系统。只有这样，才能迅速提升团队的执行力。

铁军，正如李云龙在《亮剑》中所言，英雄的部队是一种氛围，必须要有其生长的空气、温度和土壤，经历过大大小小的战役、一场又一场的战斗、一场又一场的失败和一场又一场的成功，打下属于团队的品牌，打下属于团队的江山！

注：以上为第22~23节内容小结，希望对于您对本书的理解有所帮助。

Self–cultivation Towards
the Top Sales

第四篇

销售激励制度

24 销售代表、主管、经理的职责体系该如何设计？

> 单丝不成线，独木不成林；
> 人心聚焦，所向披靡；
> 最好的领导者是多才多艺的思想家，
> 既懂战略，又关注细节。
> ——杰夫·伊梅尔特
> 通用电气公司（GE）前CEO

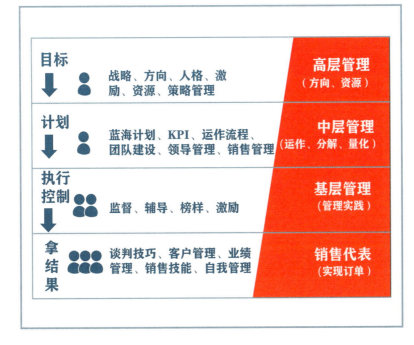

目标	战略、方向、人格、激励、资源、策略管理	高层管理（方向、资源）
计划	蓝海计划、KPI、运作流程、团队建设、领导管理、销售管理	中层管理（运作、分解、量化）
执行控制	监督、辅导、榜样、激励	基层管理（管理实践）
拿结果	谈判技巧、客户管理、业绩管理、销售技能、自我管理	销售代表（实现订单）

》销售代表——实现订单（专员级别）

定位
- ——传递品牌形象
- ——获取新客户
- ——实现订单（拿结果）

》 基层管理——管理实践（主管级别）

<table>
<tr><td rowspan="3" style="background:orange">定位</td><td>——协助实现订单/拿结果</td></tr>
<tr><td>——技能辅导</td></tr>
<tr><td>——意愿调整</td></tr>
</table>

》 中层管理——运作、分解和量化（经理级别）

定位
- ——分解目标、匹配资源
- ——提升团队作战效率
- ——量化并达成业绩、客户、团队目标

》高层管理——方向/资源（总监/副总裁级别）

定位

——定方向，要去哪儿？

——给资源，怎样去哪儿？

》销售各岗位职责矩阵图

岗位	核心控制	质量评估	指标类型
销售代表	拿结果	业绩目标	结果类指标
基层主管	执行 VS. 控制	人效产出	结果类指标
中层经理	计划 VS. 运作	效率	过程类+结果类指标
高层管理	目标	投入产出比	经营性指标

> 销售各岗位从一线销售代表直至销售最高决策层，职责必须呈现一致性（过程VS.结果）和侧重性，也就是说，一支队伍有一个共同的大目标；但是，拆解到每一个岗位，又会有其具体的小目标和职责，互补重叠又相互咬合，从而形成一个有机体。
>
> ——俞赛前

岗位职责拟定小技巧

——不要超过三条，不要超过三条，不要超过三条

职责必须清晰且简单，否则容易造成混淆，更重要的是工作界限不清晰，眉毛胡子一把抓，没重点，自然而然就没效果。

——所有职责必须可以量化

职责最大的价值是基于组织内分工的效率最大化，而量化是效率最大化的基础保障，因为无法量化便无法改善。

25 新进销售人员，到底该如何考核？

> 新兵，代表着一个组织的希望和未来；
> 我们的训练和培养体系既要教会他们瞄准射击；
> 又要防止他们阵亡在训练场上，
> 这要求整个公司都要重视新人的成长和存活。
>
> ——俞赛前

》》新人考核三角

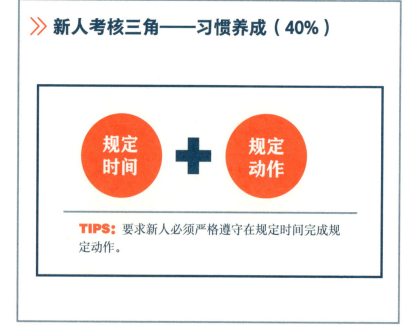

习惯养成
（40%）

结果驱动
（20%）

过程优先
（40%）

》》新人考核三角——习惯养成（40%）

规定
时间

＋

规定
动作

TIPS: 要求新人必须严格遵守在规定时间完成规定动作。

》》 新人考核三角——过程优先（40%）

TIPS: 在规定时间和动作的基础上，要逐步增加对新人的要求，尤其是质量和效率。

》》 新人考核三角——结果驱动（20%）

规定结果

TIPS: 新人在试用期间，结果指标不可以完全抛弃，必须有结果指标进行牵引和驱动，这样一来，其他的工作会更有意义和价值。

≫ 新人存活系统

≫ 新人存活系统——控制室

公司基层主管乃至最高销售管理层一定要有一套仪表盘来检测新人的现状，做到了如指掌，心中不慌。

>> 新人存活系统——安全舱

在给新人设定三个月或者六个月试用期考核时，以过程指标和习惯养成为王，以新人可以存活下来为第一目标。

>> 新人存活系统——加速器

加速器是指新人在试用期的学习考核过程中，管理者要清楚地了解每一位新人亟须提升且有促进未来业绩结果的动作或其他提升点。

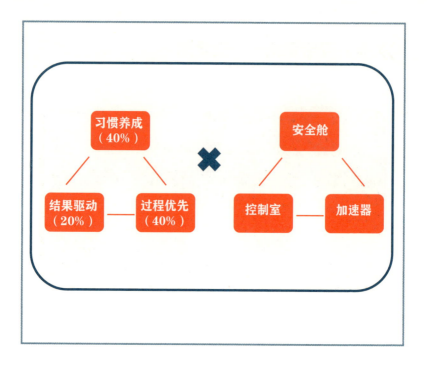

新人——保命最要紧

新人代表组织的未来，肩负着实现公司战略意图的使命。销售团队规模越大，销售业绩的可实现性越高，因此，让新人存活下来是销售管理者的一把手工程，甚至要投入额外的资源，比如长时间高强度的训练，或者是新人的特殊津贴。

26 有效的销售团队薪酬体系应该是这样

> **"**
>
> 销售工作是一个机会，从业者最有可能通过自己的努力和付出，获得显赫的名声、足够多的的财富以及尽可能地为社会多做贡献。
>
> ——俞赛前

》有效的销售团队薪酬体系应该是这样

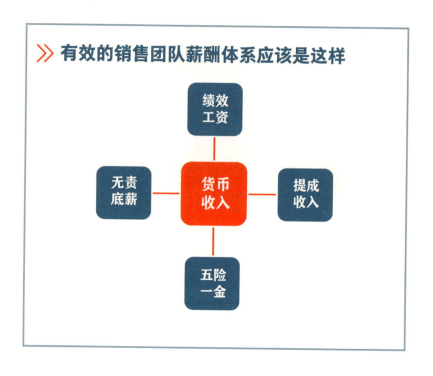

》货币收入分配矩阵

	无责底薪	绩效工资	提成收入
建议比例	30%	20%	50%
考核重点	工作时间	过程指标 阶段性指标	结果指标 长期性指标
考核周期	月度	月度	以业绩 进度来定

》》 总体设计逻辑

激励性 50%固定和浮动的比率，清晰地勾勒了职责对人的期望和需求，依靠50%的固定收入只能获得保障性收入。

安全性 50%的固定收入，确保员工的安全需求得以满足，不用为温饱担忧，从而可以全心投入工作。

均衡性 过程指标和结果指标、阶段性目标和长期性目标的组合保证了目标的覆盖面和全面性，提升了激励的效果。

》》 核心成功要素

—— 必须严格遵从SMART原则 ——

S specific 具体的（指标）

M measurable 可测量的

A available 可达到的

R relevant （与工作有强）相关性

T time-bound 时间期限

——充分的上下级沟通

一个目标，如果员工不认可，那么他会认为是公司的目标，而不是他要的目标。

——公平性

人不患寡而患不均，目标一旦出现不公平，员工与管理层、与公司的信任大厦立刻土崩瓦解，因为目标设定直接关系到每个人的切身利益。

不同岗位有不同的薪酬结构

离客户越近的岗位，提成占比应该越高：

——销售代表和基层主管的提成占薪酬总包比例：50%~70%

——销售经理级别或以上提成占薪酬总包比例：40%~60%

——任何销售团队人员提成占薪酬总包不可低于40%

总体而言，以绩效和提成为杠杆，撬动业绩倍增，提升企业劳动力成本的投资回报率。

27　如何设计性价比较高的销售提成体系？

> "
> 一套优秀的销售提成体系，应该由三个标准来衡量：
> 第一，投入产出回报率最高；
> 第二，激励最优秀的头部20%，优秀销售人员会带来50%的业绩；
> 第三，强制淘汰末位10%~15%的未出单人员，真正体现多劳（结果）多得的作用和价值。
>
> ——俞赛前

》销售提成设计的分类

分类	适用范围	设计逻辑
目标制	标品且有历史业绩供参考	以公司年度经营计划来分解销售目标业绩
非目标制	非标品且成交周期较长，难以预测和控制	以投入产出回报率设计提成制度，力争做到适应可控制的投入；同时，制定最低限度的业绩目标

》目标制的提成设计体系

■■ 线性提成制度

$$y = ax + b \quad （a和b为常数）$$

y： 代表销售人员的提成收入；
a： 代表提成比例（百分比）；
x： 代表销售收入或业绩；
b： 代表一个常量。

示例：
在一个月内，销售人员小王的销售业绩是100万元，公司制定的提成比例是10%，则小王的提成收入是100万元×10%=10万元（这里b由公司自行定义）。

》 阶梯式提成制度

■ 阶梯式提成制度

$$y = ax + b \quad （a为变量，b 为常数）$$

岗位	目标完成率（%）	提成百分比（%）
销售代表	100%及以上	12
	70%≤完成率＜100%	8
	完成率＜70%	5

》 目标制的提成设计体系

■ 阶梯累进制提成制度

$$d = ax + by + c$$

d: 代表销售人员的提成收入；　　**b:** 代表销售提成比例；

a: 代表提成比例（百分比）；　　**y:** 代表超额业绩；

x: 代表销售收入或业绩；　　　　**c:** 代表一个常量。

》阶梯式提成制度

■ 阶梯累计制提成制度

岗位	销售业绩	a提成比例	b提成比例	y超额业绩
销售代表	120万元	10%	20%	20万元

示例：

假定销售人员小王的本月目标是100万元，而他表现出色，完成120%的业绩。提成公式：

d = 100万元 × 10% +（120万元-100万元）× 20% = 14万元；也就是说完成100万元业绩可以拿10%的提成，而超过部分拿超额业绩20%的提成。

》非目标制的提成设计体系

■ 线性提成制度

$$y = ax + b \quad （a和b为常数）$$

y： 代表销售人员的提成收入；　　**x：** 代表销售收入或业绩；

a： 代表提成比例（百分比）；　　**b：** 代表一个常量。

》 非目标制的提成设计体系

■ 阶梯累计制提成制度

$$d = ax + by + c$$

d：代表销售人员的提成收入；

a：代表提成比例（百分比）；

x：代表销售收入或业绩；

b：代表销售提成比例；

y：代表超额业绩；

c：代表一个常量。

TIPS:

□ 关于目标值的设定

从销售管理过程来看，目标值的设计是一个最系统最复杂的工程，一方面目标直接关系到公司的销售收入，另一方面目标值的高低直接影响到销售人员的利益，所以，一定要严格遵守目标设定的SMART原则。

TIPS:

☐ **关于提成的周期**

设计提成制度的周期应综合参照行业特点、签单周期和客户类型及规模来决策；与此同时，提成一定要充分体现及时性的特点，以驱动销售人员的积极性。

TIPS:

☐ **关于保底目标的测算**

无论是销售管理人员，还是人力资源和财务人员，都需要进行精准的测算，总体原则是考虑投入产出回报率，至少要确保人员成本小于销售收入，才是一个可持续的体系。

C 小 结
ONCLUSION ▮▮▮▮▮▮▮▮▮▮▮

一套优秀的销售激励体系，必须像手术刀一样精准地对业绩和团队进行切分，并且为公司带来丰厚的投入产出回报，因此是一个精心设计与适时调整的计量过程。销售负责人必须为第一责任人，会同人力资源和财务部门，对整个薪酬体系逐渐打磨，而不是单纯由人力资源部门来主导。道理很简单，销售就是一个价值交换过程，也是一种公司商业策略，而销售部门及其负责人必须为结果负责。

设计一套完美的激励体系，必须：
——以投入产出回报率为准则
——以职责的切分为入手点
——关注激励结果的交叉性和互补性

有鉴于此，激励体系的设计应该从上往下，从公司年度的运营计划和财务投资两个维度，先拿出一个明确的package（套餐），然后确定基础部分也就是固定的货币成本和浮动的货币成本（包含提成和临时性激励，比如销售竞赛奖励）；最后，依据浮动部分测试最优的提成制度，形成一套完善且卓有成效的激励体系。

注：以上为第24~27节内容小结，希望对于您对本书的理解有所帮助。

第五篇

客户开发和管理

28 客户预约
——销售冠军和小白的差距

> 从本质来说，销售其实就是一个环环相扣的循环，作为这个循环中最重要的环节之一，只有做好了销售预约，才能更好地进行销售拜访。
>
> ——贺学友
> 阿里巴巴原全球销售冠军

≫ 预约的漏斗

- 每日预约客户目标
- 客户信息收集
- 预约成功率统计
- 预约成功归因
- 复制可行性方案

≫ 预约客户五大技巧

技法一

只约见关键决策人

针对公司和产品的特点，找到客户所在公司的关键决策人，再通过各种方式获取联络方式，直接约见；好处显而易见，成单的周期短效率高，不用把太多的时间消耗在没有决策权的人身上。

预约客户的五大技巧

技法二

只谈对客户的关键益处

总结说来，用数字化的语言来组织说辞，一句话讲清楚可以给客户带来的价值及益处。

预约客户五大技巧

技法三

利益"登门槛"效应

"登门槛"效应指一个人一旦接受了一个微不足道的请求，为了避免认知不协调，或者为了给别人前后一致的印象，就很有可能接受更大更高的要求。销售人员在预约客户时候，不妨先提一些小要求，再进行进一步深挖。

≫ 预约客户的五大技巧

技法四

老客户推荐或转介绍

充分利用服务中的老客户资源，推荐或转介绍其他潜在客户，或者利用比如行业协会或潜在客户的相关利益方来推荐拜访，使成功率迅速提升。

≫ 预约客户五大技巧

技法五

直接登门陌生拜访

很多时候，通过电话、微信或邮件等现代化的通信手段，难以约到客户。在这种情况下，登门陌生拜访也不失为一个有效的方式方法，尤其是对于销售小白，这对预约客户经验的积累有很大帮助。

> 记住，你的第一次电话不是销售产品或服务，更不是为了共同讨论产品和服务，而仅仅是为了获取10分钟的面对面机会；不要讨论别的事情，只讨论这次会面。
>
> ——俞赛前

预约成功的关键因素——对的客户

做销售，永远不要在没有需求的客户身上浪费时间，而对的客户就是有需求的客户。没有需求的客户是没有动力和兴趣，即使你的产品再完美，价格再优惠，你口才再好，也只能是"对牛弹琴"。赶紧找下一个客户！

29 精益客户开发
——销售高手的成功之道

销售的第一步是开发精准客户，且精准客户必须符合以下三大特征：

- 有实际需求；
- 是第一关键决策人；
- 有付款的意愿和能力。

——贺学友
阿里巴巴原全球销售冠军

》 精益客户开发的两大技巧

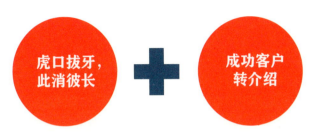

虎口拔牙，
此消彼长

+

成功客户
转介绍

》 精益客户开发技巧——虎口拔牙，此消彼长

> 优秀的销售个体，永远面临三场硬仗：
> 第一仗，超越昨天的自己，越来越好；
> 第二仗，超越同事，百尺竿头更进一步；
> 第三仗，超越对手，虎口拔牙，此消彼长。
> 打赢这三仗，你才是真正的销售冠军、王者之相。
>
> ——俞赛前

≫ 老虎嘴里的牙，如何拔？

| 1 | 竞争对手服务中的客户

请相信这句话：企业与客户就像小两口过日子，日子长了，岂能没有磕磕碰碰，或者情感危机？而这就是你的机会。

| 2 | 竞争对手已断约的客户

客户不再续约可能是认为销售服务不专业、费用太高或者其他不为人知的原因，精明的销售代表一定要打听清楚，争取到你这边来。

| 3 | 竞争对手正在洽谈的客户

这是天赐良机，因为竞争对手已经帮你把客户的痛点和支付能力全部筛选完毕了，要勇敢地主动与客户沟通接洽。

≫ 精益客户开发技巧——成功客户转介绍

第一步 | 挑选成功客户

这些成功客户必须满足三个条件：（1）服务中的客户；（2）有成功案例的客户或对产品和服务都特别满意；（3）有意向向别人推荐你或你的公司。

第二步 | 动之以情，晓之以理，诱之以利

在销售或商业的世界里，人与人之间的信任弥足珍贵，可以情切入，大家一起帮助更多的客户成功；但是无论事成与否，商业的规则是要遵守的，否则没有动力不说，圈内的口碑也不一定好。

第三步 | 感恩与回馈

当老客户推荐新客户之后，无论成交与否，都要驱动新客户。要及时打电话或者以微信的方式对老客户答谢，此时恰是一个好机会。

≫ 精益客户开发关键要点

沟通渠道和信息网络的建立	无论是老客户、潜在客户还是竞争对手，销售人员都应该建立起自己的情报系统，第一时间获取准确的市场信息，以便于做出最优的决策。
动之以情，晓之以理，诱之以利	任何时候，都要遵守商业世界的运行规则，了解各方面利益相关方的诉求，将利益分配机制设计好，并大大方方地落地实施。
建立个人和品牌的死忠粉	销售代表要学会经营自己的人脉圈和朋友圈，必须有一批固定的有深度交往的客户朋友，逐步将他们培养成死忠粉。

断约客户唤回就用这三招

第一招：解决"阻挠"

客户之所以断约，一定有其根本原因，而这个根本原因就是"阻挠"，必须找出来，马上解决。

第二招：老客户关怀计划

动之以情、诱之以利是挽回断约客户致胜的不二法宝。

第三招：专人对接

必须投入资源，组织专人负责断约客户的再回签，让断约客户感受到尊重和提升客户体验。

30 客户需求
——你真的了解你的客户吗？

> 如果我当年去问顾客他们想要什么，他们肯定会告诉我，一匹更快的马。
>
> ——亨利·福特
>
> 你不能只问顾客要什么，然后想法子给他们做什么；等你做出来，他们已经另有新欢了。
>
> ——乔布斯

> **"**
> 顾客更关注问题本身是否解决，
> 不关注解决的方法；
> 给顾客以确定性，
> 讲清楚你能解决什么样的问题，以及解决
> 问题后的样子。
>
> ——俞赛前

》 客户需求——你真的了解你的客户吗？

客户需求
五个类型 ➡ 客户需求
分析模型 ➡ 具体步骤和
对应策略

≫ 客户需求——基本型需求

基本型需求：
亦称为必备型需求，是顾客对企业提供的产品或服务的基本需求，是顾客认为产品必须要有的属性或功能。当其特性不充足（不满足客户需求）时，顾客很不满意；当其特性充足（满足顾客需求）时，顾客也可能不会因而表示满意。

举例： 空调的主要特征是制冷或制热，如正常运行，客户可能不会因此而表示满意；反之，一旦出现问题，满意度水平会大幅降低。

≫ 客户需求——期望型需求

期望型需求：
亦称为意志型需求，是指顾客的满意状况与需求的满足程度呈反比例关系的需求，此类需求得到满足，满意度将显著提高，反之则会急剧降低。

举例： 空调的售后服务，如果空调不能制冷，而且售后服务效率低，时间长且多次维修后仍然无法正常运转，则彻底丢失客户。

>> 客户需求——魅力型需求

魅力型需求：
亦称为兴奋型需求，指不会被顾客过分期望的需求。随着满足程度的提高，顾客满意度大幅提升；反之，在无法满足时，顾客也不会因而表现出明显的不满意。

举例：
海尔电器在售后服务领域独创的"一块抹布"案例，客户的真实需求是修好空调，而非是否有抹布。

>> 客户需求——无差异性需求

无差异性需求：
无论企业提供与否，对客户体验无影响，即使在质量上面没有太大差异或者有微小差异，也不会导致顾客满意或不满意。

举例：
各家航空公司为乘客提供的会员服务，因为旅客选择航空公司的核心需求是时间和效率。

》 客户需求——反向型需求

反向型需求：

亦称逆向型需求，指引起强烈不满的质量特性导致的低水平满意度，因为并非所有的消费者都有相似爱好。

举例： 老年人使用的手机与年轻人的智能手机相比，一般都应该更简单、易用和实用，而不是大量复杂功能的堆砌。

》 客户需求分析模型

- **需要：** 是指人们某种不足或短缺的感受，是促使购买的原始驱动，比如吃饭和喝水。

- **欲望：** 是指建立在不同的社会、经济、文化和个性等基础上的需要，比如喝水是喝自来水还是喝哪种矿泉水。

- **需求：** 指人们与客观现状相对应的需求，比如剧烈的篮球运动之后，运动员需要大量补水，然而补水并不是需求，而是需要；运动员真实的需求是一种能让身体快速恢复的功能性饮料。

》 对应策略

| 第一步 客户痛点 | 第二步 动机和驱动 | 第三步 产品或服务 标准化 |

第一步 寻找并发现客户的痛点：在使用产品或体验服务的时候，客户产生的不适的感受，是一种负面而消极的感受。

第二步 从客户的痛点中挖掘客户的动机，在了解了客户的需求和动机后，采取"放大客户现有痛点"和"激发客户利益需求"两种方式，来刺激或唤醒客户的真实需求。

第三步 寻找并发现客户痛点，挖掘需求和动机，来设计产品或服务，帮助客户解决问题，从而形成价值主张。

"

很多时候，客户都不知道他到底想要什么，只有当你将产品放在他面前，他才会恍然大悟。哦！太酷了，这才是我想要的！

——俞赛前

C小 结
ONCLUSION ||||||||||||||||

客户开发、客户预约和客户需求，统称为销售的起点和原点，也是销售流程的出发点；与此同时，这也是每一个销售小白的必修课，也是销售小白与销售冠军的鸿沟。

——找到客户
——找到对的客户
——找到客户真正的痛点

销售从概率论的角度而言，就是一次大规模筛选客户的概率事件，取决于数据的规模以及准确率。前期必须有规模级别的客户拜访，并且从销售实践中不断总结客户的规律，找到一条可复制可持续的方法和路径。再针对客户的痛点，提供高性价比的解决方案；在这里尤其要重点强调的是客户的支付能力。很多时候，客户有痛点并且愿意为解除痛苦支付费用，但是没有足够的支付能力，资源和钱不够，那就把这个客户暂时从A类客户中移除，以提升时间的利用效率。

销售，从客户中来，到客户中去，找到客户的痛点，帮助客户，你就成功了！

注：以上为第28~30节内容小结，希望对于您对本书的理解有所帮助。

31　为什么客户总觉得贵？

》影响定价的三个主要因素

影响定价的主要因素有三个：需求、成本和竞争；劳特朗的4C理论关于成本的定义是客户愿意付出的成本和代价是多少；而顾客做出购买决策时候受到沉没成本效应的影响，这是因为顾客心目中存在心理账户系统。

≫ 三种有趣的现象

☑ 钻石恒久远，一颗永流传。

让用户感觉钻石很贵，但比钻石更贵的是爱情，用户内心就觉得钻石的价值高于价格了。用户自然而然就会从结婚账户中拿钱购买。

☑ 今年过节不收礼，收礼还收脑白金。

亲情的维系，需要礼物来呈现，而呈现的最好替代品就是脑白金，这个时候就会让消费者从孝敬父母的账户中拿钱购买。

☑ 知识付费产品。

贩卖的是成长，贩卖的是成长的焦虑；目标客户就会从个人成长的心理账户中拿钱购买。

❝

有时候，商家就是在不断影响一个人内在的心智、欲望和恐惧的配置，不断削弱理智的地位，让欲望与恐惧占据更高的位置，从而推动欲望与恐惧，产生更多的消费。

——俞赛前

》 消费者为什么总觉得贵？

1 / 价格观 ≠ 价值观

2 / 心理账户 ≠ 实际需求

3 / 价格 ≠ 沉没成本

4 / 价格锚定效应

》 价格观 ≠ 价值观

所有的知识都源于我们的感知；
认知赋予事物以意义；
情感则赋予其价值；
商品的价格亦如此。

综上所述，

客户为什么总觉得贵？

第一个原因是： 客户对产品价值的认知与产品价格的认知中间有所偏差。

> **解决方案：** 引导消费者——价值教育——效果呈现

》心理账户 ≠ 实际需求

钻戒、脑白金和知识付费的三个案例说明，消费者会将钱分别存于不同的心理账户，并且独立存在。

客户为什么总觉得贵？

第二个原因是： 未找到商品与之对应的心理账户。

> **解决方案：** 改变或转移客户对商品的认知，让客户从不愿意花钱的心理账户，转移到愿意为此花钱的心理账户。

》 价格 ≠ 沉没成本

- □ **沉没成本**：已经发生且不可回收的支出，如时间、金钱和精力等。
- □ **厌恶损失**：人们面对同样数量的收益或损失时，认为损失更加令他们难以忍受。

客户为什么总觉得贵？

第三个原因是：价格 ＞（沉没成本 ＋ 预期损失）

> **解决方案**：销售人员要强调商品的价值主张和即时享有的心态。

》 价格锚定效应

顾客在计算商品价值或价格时，会将某些记忆中相似相近或者熟悉的特定数值作为起始值，这个起始价格就是价格在顾客心中的**锚定值**。

客户为什么总觉得贵？

第四个原因是：无法突破客户心目中相似相近商品的锚定价格，也就是参考价格。

> **解决方案**：设置诱导选项或者策划并向消费者展示陪衬价格选项。

》》》》》

32 如何第一时间捕捉关键决策人的购买意愿？

> 销售的过程中，客户需求、关键决策人和购买付费意愿是能否成交的三大关键因素，只有优秀的销售高手才具备良好的判断力和敏感性，促成成交。
>
> ——俞赛前

≫ 三大成交关键因素

≫ 关键决策人——key people（KP）

定义：对交易具有最终审批权或决策权的关键岗位、团队或人；特别提醒：在面向企业客户的销售过程中，许多时候决策团队是由多人组成的决策委员会。

>> 寻找关键决策人三步曲

寻找 → 锁定 → 面谈

>> 关键决策人——寻找

直接询问企业对接人	最有效率的方式就是直接询问企业的对接人;
不断试错,直至达成目标	如果对接人不愿意透露,可以再想办法询问公司其他部门的相关利益人,直至找到相关决策人。

》 寻找关键决策人——锁定、面谈

锁定　明确咨询对方对此次业务洽谈的看法和判断，以获取第一手真实的信息。

面谈　既然可以有真实的需求，而且关键决策人愿意与你面对面，这就释放了非常明确且友好的信号，应乘胜追击。

》 购买意愿及支付能力的确认

■ 确认支付能力

- □ 了解客户的总体规划和预算；
- □ 了解客户是否有类似的采购行为，金额有多大。

■ 购买意愿确认

□ **假设成交法**
通过假设成交法，突出产品的卖点以及成交后给客户带来的价值。
□ **反问法**
直接反问客户不成交的主要原因是什么，再有针对性地逐一解决。

33 到底是什么在影响 客户购买决策？

消费者是否购买的唯一决定性因素是：**感知价值**；
而消费者的感知价值是由购买所获得的**总体利益**与消费者
所承担**总体成本**两者的差额所决定的。

消费者的感知价值 ＝

消费者的总体利益 － 消费者的总体成本

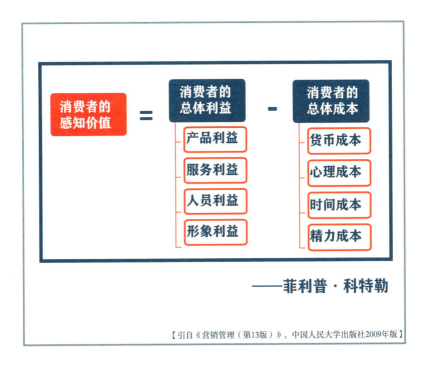

【引自《营销管理（第13版）》，中国人民大学出版社2009年版】

>> 到底什么在影响客户购买决策？

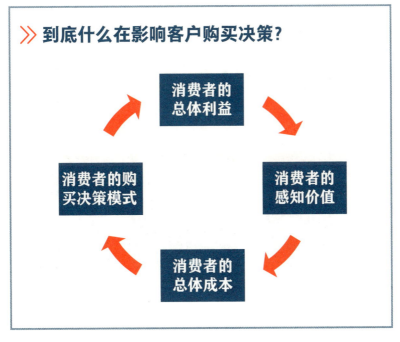

≫ 消费者的购买决策模式

01 经典及本能的决策模式

S–O–R / 刺激—个体生理 、心理—反应模式

该模式表明消费者的购买行为是由刺激所引起的，这种刺激取决于消费者的生理、心理因素和外部环境：产生动机，做出购买决策，并实现购买行为，例如快消品的饮料类或口香糖等。

| 内/外刺激因素 | ➡ | 消费者心理活动 | ➡ | 购买行为 |

≫ 消费者的购买决策模式

02 科特勒行为选择模式

科特勒行为选择模式说明购买行为受到营销手段和外部因素影响，使消费者产生了不同的心理活动，从而导致购买的决策。

营销刺激	外部刺激	消费者特征	消费者决策	消费者反应
产品价格地点促销	经济技术政治文化	文化社会个人心理	问题信息评估购买	产品选择品牌选择购买价格购买数量

》 消费者的购买决策模式

03 霍华德—谢思模型

此模式是由霍华德与谢思在《购买行为理论》一书中提出的，重点把消费者购买行为分解成四个维度去考虑：①输入变量（刺激或投入因素）；②外在因素；③内在因素（过程）；④反应或产出因素。他们认为投入因素和外界因素是购买的刺激物，它通过唤醒并形成动机，提供选择，影响购买者的心理活动（内在因素），从而产生购买决策。

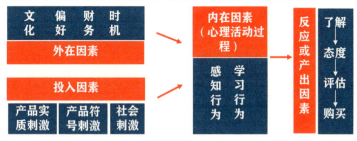

[Howard, J.A. and Sheth, J.N. (1969) . *The Theory of Buyer Behavior*. John Wily & Sons, New York.]

》 消费者的总体利益

产品利益

经济利益 这款产品可以给消费者带来的好处，比如京东商城"多快好省"。

功能利益 这款产品解决了消费者的哪些需求？

心理利益 这款产品是否可以给消费者提供自尊或自我满足的心理需求？

服务利益 购买了这款产品的售后服务以及可以拥有和享受的后续增值服务。

形象利益 是指消费者关心企业产品和品牌的知名度和美誉度，以及满足消费者从众的心理。

>> 消费者的总体成本

货币成本 为购买此商品所付出的货币成本，与认知价格的对比，是否值得购买？

心理成本 对消费者而言，产品的品质、知名度和售后服务是否有足够的保障？

时间成本 如何获得该产品以及获得这个产品需要花费多少时间？

沉没成本 因为购买此商品而带来的无法享受其他产品或服务的损失。

只有当潜在消费者的总体利益和潜在消费者的总体成本之差距，也就是潜在消费者的感知价值越大时，潜在消费者购买的可能性才会越大。所以是消费者的感知价值在决定顾客的购买决策。

> 无论是企业，还是一线销售人员，必须严谨分析消费者的购买行为模式，并针对产品的核心利益进行提炼和总结，有针对性地对潜在消费者进行解析，并提供购买决策所需要的全部信息，才会促成交易。

彻底消除客户疑虑的大招：售后服务保障条款

——服务承诺

给出的承诺越不可思议，越容易驱动客户成交；

——服务承诺具体化

"七天无理由退换"，电商平台解决客户疑虑的大杀器；

——服务承诺的可实现性

服务承诺必须是可实现的，最重要的是要客户感知到你是信守承诺的，说到做到。

34 如何持续有效提升
客户的忠诚度？

> 当顾客可以全程参与价值链的所有环节的时候，顾客和企业之间就形成了相互依存的关系。通过与顾客之间的共同创造，企业可以更加充分地理解顾客及其趋势的变化，顾客能够根据自己的观点和需求，来指导企业为他们创造价值，从而达成资源的合理有效利用。
>
> ——陈春花
> 北京大学管理学教授

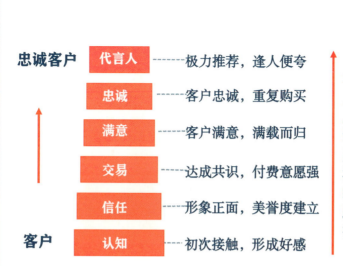

忠诚客户　　代言人 ------ 极力推荐，逢人便夸

　　　　　　忠诚 ------ 客户忠诚，重复购买

　　　　　　满意 ------ 客户满意，满载而归

　　　　　　交易 ------ 达成共识，付费意愿强

　　　　　　信任 ------ 形象正面，美誉度建立

客户　　　　认知 ------ 初次接触，形成好感

客户忠诚度演绎路径

》 如何持续有效提升客户的忠诚度？

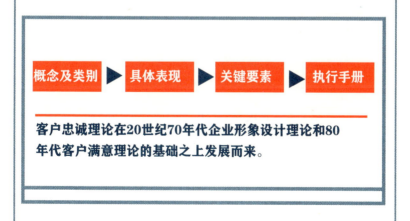

概念及类别 ▶ 具体表现 ▶ 关键要素 ▶ 执行手册

客户忠诚理论在20世纪70年代企业形象设计理论和80年代客户满意理论的基础之上发展而来。

≫ 概念及类别

核心内容： 企业应当以满足客户的需求和期望为目标，有效预防和消除客户的抱怨和投诉，提高客户满意度，促进客户的忠诚，在企业与客户之间建立起一种相互信任、相互依赖的"质量价值链"。

概念及定义： 亦称之为客户黏度，客户对某一特定产品或服务产生了好感，形成了依附性偏好。

≫ 客户忠诚度类别

情感忠诚 表现为客户对企业的理念、行为和视觉形象的高度认同和满意；

行为忠诚 表现为客户再次消费是对企业的产品和服务的重复购买行为；

意识忠诚 表现为客户做出对企业的产品和服务的未来消费意向。

由情感、行为和意识三方面组成的客户忠诚度理论，着眼于对客户行为趋势的评价，从侧面印证了企业在未来经营活动中的竞争优势。

》 客户忠诚的具体表现

- ☑ 选择性或偏向性购买表现；

- ☑ 20%忠诚的客户带来了50%的销售收入；

- ☑ 客户忠诚营销理论关切点是利润，提升客户忠诚度是实现持续利润增长的最有效方式；

- ☑ 提升品牌知名度和美誉度，作为忠诚的客户会向周围的人推荐品牌和商品，有助于企业获取新客户和扩大知名度。

》 客户忠诚度的关键要素

关键要素	要素分类	核心体现
服务质量	产品质量 服务水平 技术能力	销售后商品的静态体现 售后服务的流程设计 销售中后期的动态体现
服务效果	客户内心满意度	产品/服务体系等体验活动的感知
客户关系	互动的同理心态 相对的盟友心态	充分理解企业品牌和产品表现 与品牌和产品的深度链接
理念灌输	产品（品牌）本身确认 服务（供应）商确认	认同品牌和产品的设计理念 认同企业提供的服务体系
良性的心理刺激及增值感受	体验及升华	良好的触点激发了客户与企业及产品的共情，增强关联

≫ 执行手册

产品质量	质量永远是企业第一和永恒的追求；产品的质量是公司对客户的承诺，也是客户与企业最佳的交互界面，只有质量，才可以让企业在竞争红海中立于不败之地。
服务质量	企业所提供的服务质量，直接关联到客户的使用体验，服务应该是行为而非口号，服务应该是承诺而非态度，与此同时，服务应该创造独立价值。
超越客户体验	让客户来决定什么是有价值的服务，从而明确客户的期望值，并由此开始创造超越客户期待的服务，从而获得客户的认可与推荐。
服务内部客户	企业要足够重视内部客户——员工，做好服务文化的准备，培育员工的服务专长并将服务组织能力嫁接到一线员工身上，从而传递给客户。

> **"**
>
> **消费者和消费者社区是竞争力的源泉；而客户的忠诚度是源泉的最佳助推器，企业唯有深耕于此，才能在市场上，在消费者心中，逐步建立起自己的粉丝群和意见领袖，打造共同的价值体验。**
>
> **——俞赛前**

35 顾客购买行为模式及成交方案揭秘

> 你对顾客的判断将直接决定
> 成交的概率和成交金额的大小。
>
> ——俞赛前

》消费者购买行为

按照购买行为主体划分	▶ 个体性购买行为
	▶ 群体性购买行为

按照购买行为特征划分	▶ 理智型购买行为	▶ 习惯型购买行为
	▶ 经济型购买行为	▶ 冲动型购买行为
	▶ 疑虑型购买行为	

》顾客购买行为模式及成交方案揭秘

购买行为 ▶ 行为特征 ▶ 心理分析 ▶ 实战技巧

≫ 理智型购买行为

行 为 特 征

消费者在进行购买之前，广泛搜集了所需购买商品的所有信息，且经过了周密的分析和思考以及评估。

心 理 分 析

优势：善于思考，行事谨慎，主动性和主观性较强；
劣势：比较自我，以自我为中心。

实 战 技 巧

采用证明性诱导的销售技巧，如实证诱导和证据诱导，并结合FABE（F：特征，A：优势，B：利益，E：证据）销售法则，按步骤进行推进和逼单。

名 词 解 释

- ☐ **实证诱导**：当场提供实物证明的方法，以此来打消顾客心中的疑惑；
- ☐ **证据诱导**：向顾客提供间接消费效果证据的方法，比如顾客的售后好评。

≫ 习惯型购买行为

行 为 特 征

指消费者并未深入收集信息和评估品牌，只是习惯于购买自己熟悉的品牌，购买或使用后也可能不评价商品。

心 理 分 析

习惯性购买行为的典型特征是，惯性熟悉原则和有限决策，以降低决策的成本。

实 战 技 巧

采用建议性诱导中的建议购买互补商品和建议购买大包装商品，以增加销售额。

决 策 分 析

此类型顾客对产品和品牌都有一定的信赖度。因此，可以提供更多更优质的服务或商品来满足顾客未被开发的需求。

》经济型购买行为

行 为 特 征

此类消费者最主要的特征就是：图便宜。对商品的价格特别重视，敏感性特别强；在购买商品时，善于进行价格比较和分析，且没有太高品牌忠诚度。

心 理 分 析

注重商品质量，但是对商品缺乏全面深入的了解；希望以较小或最小的支出，获得最大的收益，是一种较为普遍的动机。

实 战 技 巧

使用建议性诱导中的建议购买大包装商品，因为大包装商品意味着量大且价低，非常适合经济型购买行为的消费者。

决 策 分 析

顾客希望的是投入产出比最大化，所以要强调商品的性价比，这是致胜和成交的核心与关键点。

》 冲动型购买行为

行 为 特 征

此类消费者在购物时对外界环境的刺激比较敏感，情绪不易自控，容易冲动购买。

心 理 分 析

一旦受到了外界刺激，冲动型购买者的心态会发生较大变化，对商品品质、功能、价格和售后服务的认知产生偏差。自身性格直率、为人豪爽是冲动型购买者的主要诱因。

实 战 技 巧

建议针对此类消费者使用转化性诱导中的转移法和建议性诱导中的建议购买高档商品两种销售技巧的强强组合，寻找顾客的不同心理账户，然后通过心理账户的转移来成交。

决 策 分 析

此类顾客成交时要完全把握客户的心理账户，辅之以情感性诱导法则，如此成交概率将会大大提高。

》疑虑型购买行为

行 为 特 征

此类消费者一直担心上当受骗，在购买过程中犹豫不决。这类消费者行动谨慎、迟缓，从不冒失仓促地做出购买决定。

心 理 分 析

对商品的质量功能疑心重重，担心广告或促销人员说了假话；担心购买的商品是假冒伪劣产品，担心售后服务差。

实 战 技 巧

建议使用证明性诱导中的实证诱导与证据诱导并配合情感诱导联合使用，以此打消顾客的疑虑；与此同时，对售后服务要演示清晰，并确保顾客明白个人的权益是有保障的，从而实现成交。

决 策 分 析

用铁的事实或实证来打消顾客疑虑；用兜底的售后服务政策（如：国家"三包"政策）来彻底击碎顾客心中最后一道成交障碍，成交乐无忧。

≫ 五种顾客行为及对策概览

购买行为分类	行为特征及心理状态	实战技巧
理智型购买行为	对比、询价；善于思考，主观性强	证明性诱导
习惯型购买行为	品牌商品；惯性，有限决策	建议性诱导
经济型购买行为	图便宜；想以较小的代价获取最大的收益	建议性诱导
冲动型购买行为	刺激、认知偏差；直爽	转化性诱导
疑虑型购买行为	谨慎、迟缓；犹豫；害怕失去	证明性诱导、情感诱导

" 消费者购买决策是一个复杂的复合决策系统，受多种外部因素的影响和制约，尤其要特别注意挖掘消费者的真正需求和动机，方能做到知己知彼，百战百胜。

——俞赛前

C 小 结

ONCLUSION ||||||||||||||||

——为什么客户总觉得贵？

——关键决策人为什么总是搞不定？

——客户到底想不想买？

这是让销售人员头痛不已的三个大难题，从销售流程角度而言，流程推进至此，可谓棋到中盘，往后一步则前功尽弃，往前一步则柳暗花明、前程似锦无限接近胜利。客户在做出购买决策时，会有一系列的心理活动，销售人员需要重点关注客户的心理活动并对其进行引导和解决，这是两条平行线，一同向前，亦步亦趋。

面对举棋不定或躲躲闪闪的客户心理，销售人员的制胜法宝是：同理心和共情能力，要站在客户的角度，互换角色来揣摩客户的意图，然后制定有针对性的解决方案，自然能够水到渠成，手到擒来。

注：以上为第31~35节内容小结，希望对于您对本书的理解有所帮助。

Self-cultivation Towards
the Top Sales

第六篇

销售实战技巧

36 大客户销售宝典
——SPIN销售法

> 大订单销售具有时间跨度大、参与决策人员多、项目标的大和客户期望价值高等特点。因此，客户购买决策流程和销售人员推进销售流程，两者之间的匹配和吻合度是能否顺利签约的关键因素。
>
> ——俞赛前

SPIN名词解释

SPIN是一种向客户不断提出问题的框架和工具，就是了解客户现有背景的事实，引导出真实需求，并放大客户需求的痛苦程度，提出解决方案并达成交易。

由尼尔·雷克汉姆（Neil Rackham）先生创立，对IBM和Xerox等公司销售收入的提升帮助巨大。

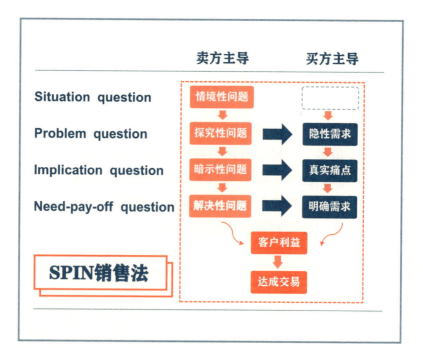

	卖方主导	买方主导
Situation question	情境性问题	
Problem question	探究性问题	隐性需求
Implication question	暗示性问题	真实痛点
Need-pay-off question	解决性问题	明确需求

客户利益

达成交易

SPIN销售法

≫ SPIN销售法的心理学效应

> **"**
>
> 如果你想让别人快乐，首先你要先让别人感到痛苦。于是，他便会义无反顾地逃离痛苦，他逃离的速度越快，就感到越舒服，越快乐。
>
> ——俞赛前

≫ SPIN销售法最接地气的解释

寻找痛处 → 撕开伤口 → 撒一把盐 → 抹药止痛

》SPIN销售法使用技巧

客户背景的详细了解 大客户销售周期长且决策人员多，不仅如此，竞争对手的实力也非同小可，因此，务必要做到知己知彼，方能百战不殆。

问题清单 在整个SPIN销售法使用过程中，需要灵活运用大量的问题来探究客户的真实想法，因此前期的充分准备在所难免。

明确购买利益 购买利益是说明产品或服务是如何符合客户明确的需求，使客户产生支持与赞同的反应，自然在购买决策过程中具有较大的影响力。

大客户销售重要提示

Tips1：不要过度承诺

大客户销售的产品往往涉及多部门、多人员的使用，期望值和体验感之间存在巨大差异，精明的销售人员必须学会管理客户的期望值，从不要过度承诺开始。

Tips2：收款条款明确化和书面化

大客户销售最难的莫过于收款，所以收款的条款必须前置，而且一定要事先预定验收条款、触发机制和具体时间节点，签单必收款。

37 利益驱动简单直接的 FABE成交法则及应用

> 显而易见，生活给我们的最好奖励是
> 在值得的事情上努力工作。
> ——西奥多·罗斯福
> 美国第26任总统

FABE名词解释：

FABE是非常典型的利益推销法，是由台湾中兴大学商学院院长郭昆漠博士总结提出来的，它通过特征（F）、优势（A）、利益（B）、证据（E）四大关键环节，力图极为巧妙地处理顾客关心的问题，并把最符合顾客要求的商品利益，向顾客推介并转化为购买动机，从而实现销售。

≫ FABE法则释义

1 Features 特征 F — 产品介绍包含的客观现实、所具有的属性等；

2 Advantages 优势 A — 产品的优点及能够带来的优势功能；

3 Benefits 利益 B — 产品给客户带来的利益和价值；

4 Evidence 证据 E — 用可信的证据向顾客呈现产品的价值。

顾客心中的五大疑惑

1 我为什么要听你讲？

2 这是什么？

3 那又怎么样？

4 对我有什么好处？

5 真的还是假的？谁这样说的？还有谁买过？

》FABE法则的运用

顾客利益至上！	遵从顾客的心理反应，必须以顾客利益为出发点，满足客户的需求；
3+3提问法则	——请问您购买该产品的主要目的是什么？ ——请问您还有什么具体要求？ ——请问您具体的预算是多少？
适时不断提出成交要求	在与顾客的沟通交流过程中，伴随客户异议的逐一处理，销售人员应该适时提出成交，以促成交易。

》 一句话总结FABE法则

F features 属性／特点 ➡ 是什么？

A advantages 优点／作用 ➡ 怎么样？

B benefits 好处／用处 ➡ 能为顾客带来什么？

E evidence 证据／证明 ➡ 为什么要相信？

》 应用场景

☐ 产品功能相对复杂，需要阐述或证明；

☐ 产品同质化严重，需要进行一对一的推销。

》》》》》

38 专业高级销售说服技巧
——销售高手的不传秘籍

> 请记住，改变自己的想法并且跟随它走向正确的方向，这依然意味着你是一个自由人。
>
> ——马克·奥勒留

【引自马可·奥勒留《沉思录》，中央编译出版社2008年版】

>> 销售说服的路径（一）

销售说服路径

中心路径说服

关注论据：如果论据有力且令人信服，就有可能说服他人。如果论据苍白无力，思维缜密的人很快就会注意到这一点并且进行反驳。一条具有说服力的信息，必须清楚有几个障碍。关键并不在于记住信息本身，而在于记住自己做出反应的想法。

>> 销售说服的路径（二）

销售说服路径

外围路径说服

关注那些能令人不假思索就接受的外部线索，而不会注意论据是否令人信服。当人们心不在焉或者没有积极主动地思考信息的时候，熟悉易懂的表述比新异的表述更具有说服力。

举例：植入式广告是最典型的，意在影响观众的内隐态度。

□ **相同点**

通常是为了改变对方的行为（如购买商品、善待他人或及时学习等）。

□ **不同点**

- 中心路径的说服通常能够迅速改变人们外显的态度，比外围路径说服力更有效，更持久；
- 外围路径说服则是缓慢地建立内隐态度，它通过把态度目标和情绪反复关联而实现，通常只能导致肤浅或短暂的态度改变，但外围路径说服力具有启发性的经验法则性质。

≫ 销售说服的中心路径和外围路径分解

路径	听众	加工过程	说服过程
中心路径	分解并且具有某种特定动机	高质量的分析水平，观点清晰	令人信服的观点、证据，让人产生赞同态度
外围路径	很少分解或者关注	低水平的加工过程，更多地依靠经验法则	外部线索引发的好感，但通常只是暂时性的

≫ 销售说服力的四大要素

TIPS: 在顾客说服过程中，针对不同类型的潜在顾客，用不同方法将信息传递给他。

≫ 六个说服的原则

著名社会心理学家西奥迪尼在《影响力》一书中首次提出了构成人类相互关系和影响力基础的六大原则。

原则	应用
权威性：人类会听从可信的专家	确立你的专业性，指出你服务过的客户和已解决的问题；
喜好：人们对所好之物更加肯定	赢得朋友并影响他人，在相似的兴趣上建立关联，轻松自如地表达；
社会证明：人们利用他人的例子来确认思考、感受和行动的方式	利用权威的力量——让德高望重之人指引方向；
互惠性：人们感受到有义务知恩图报	慷慨地付出你的时间和资源，善有善报；
一致性：人们倾向于遵守公开的承诺	把他人的意图或想法说出来，写下来，并且通过提问引发肯定的回答；
稀缺性：人们珍惜稀缺的事物	真诚地强调信息或机会的唯一性；

≫ 销售说服的内容——信息特点

理智与情感

好心情效应
如果被说服的对象心情愉悦，信息的说服力会更强。一方面，好心情能促进个体进行积极思考；另一方面，好心情会与信息本身联系在一起。在销售过程中，赞美、认可或找到对方感兴趣的话题对成交的影响甚大。

唤醒恐惧效应
说服信息如果可以引发说服对象的消极情绪，也具有良好的说服效果。在销售过程中，不断强调数量的稀缺，让顾客进入担心逐渐失去的状态，会刺激购买，比如在旅游网站上售卖的机票，就在左下角表明了还剩下几张的信息。

首因效应
最先呈现的信息最有说服力，在销售的过程中，一位销售人员见顾客的第一面时，在顾客心中的形象代表着顾客对这家公司的总体形象，因此武装到牙齿的专业化是销售成功的第一步。

≫ 销售说服的渠道

主动参与和被动接受
销售说服力强的推销员不仅要引起注意，还要让人容易理解、令人信服、容易记忆并且引人注目，思考周详的说服必须兼顾销售说服过程的所有环节，积极传递给顾客；

个体与传媒的影响
在医药代表推销药品的过程中，大型医药公司都知道意见领袖会推动销量，因此他们2/3的资金都放在专业、权威或者本地化的医生身上；与此同时，互联网的普及，扩大了关键意见领袖（KOL，key opinion leader）的影响力，适当借助关键意见领袖的自媒体，可以起到事半功倍的效果。

说服渠道影响力排名
现场面对面 ＞ 影像 ＞ 录音 ＞ 文字

》 销售说服对象——信息接收方（潜在顾客）

年龄与被说服　指态度随着年龄的增长而逐渐改变，变得更为保守，说服的成本随之水涨船高；

慎思与被说服　中心路径的说服不在于信息本身，而在于是否可以激发被说服对象的积极思考，如果销售说服唤醒了有利的想法，就能被说服；反之，则难度加大；

群体效应　指个体形成群体以后，通过群体对个体产生的影响、群体与个体之间的相互作用，使群体中其他个体，在心理和行为上产生一系列的变化。销售高手要充分利用这种心理学上的特点，尤其是在组织会议营销的过程中，精心设计和利用群体效应，效果惊人。

> "
> 说服别人的时候，请专注于挖掘对方内心的感觉以及人性的弱点，但千万不要诉诸理智，这才是销售高手的最高境界。
>
> ——俞赛前

39 无形产品销售的独家秘籍

"无形产品"和"有形产品"的销售有差别吗？答案是：原理相同但方式截然不同。对于无形产品，通常顾客只有失去的时候，才会意识到无形产品的存在。所以在留住无形产品的顾客时，最重要的一点是：经常提醒客户，他得到了什么。

——俞赛前

》 秘籍之一——无形产品有形化

有形产品通常可以直接体验，可以被看到、摸到、闻到或品尝到，而且可以在购买之前体验，比如：汽车销售。如果潜在顾客不能预先感知，那么他购买的东西，就只能是一些承诺——由生产者或销售者承诺给他带来满足。

》 秘籍之二——产品是造出来的，服务是演出来的

有形的产品通常是由专业人士设计并专门制造出来的；无形产品则完全不同，无形产品的制作过程通常与它的实际交付难以分开，甚至是：交付过程就是制作过程，或使用过程。所以服务类无形产品的演示要以体验为主，以便获得潜在客户的认同。

秘籍之三——把承诺变成一个可信的期望

举例说明，在一些高档场所，比如星级酒店，清洁卫生是非常重要的服务内容；在酒店的卫生间里，马桶圈上贴着"已消毒""20XX年X月X日"。这些都是在明确地宣称，"这个房间经过了精心的打扫和消毒，您可以放心使用"。这就是将承诺变成有形产品和可信期望的典型案例。

举例说明——无形产品有形化

市场上销售的很多洗衣粉，商家都宣称有独特的增白亮色功效，而大部分洗衣粉都是一些白色颗粒，如何向消费者展示增白亮色的功能？
第一，使用透明可见的塑料包装袋；
第二，在白色洗衣粉中加入"蓝色增白颗粒"，一眼望去便知。

》 举例说明——产品是造出来的，服务是演出来的

保险理财类产品是一种典型的无形产品，在成交之后，保险公司或保险经纪人定期向投保人及受益人发送告示，介绍最近的税收政策、新动向或外汇债券收益率等资料，介绍最新的理财理念及险种等。

》 举例说明——把承诺变成一个可信的期望

一些能源管理公司，会为能源消耗企业提供改良方案并检测运行状况，定期向客户发送月度的监测数据和报告，来告知已经节约了多少能源消耗或节省了多少资金……

> **66** 在留住无形产品客户时，一定要时刻提醒客户他们得到了什么，因为有些客户只会觉察到失败和不满，而对成功和满意视而不见。
>
> ——俞赛前

视频网络VIP会员——有形化的最佳时间

——主动为您跳过广告和片头，提醒你尊贵的会员资格

——会员到期日显示的标识，告知你及时续费，甚至提前续费的优惠政策

——我的专属福利，作为会员你可以享受运营商加油站优惠，可以享受商场购物送双倍积分等

40 顾问式销售
——B2B销售神器

> 传统销售不论生产什么，
> 都是销售什么；
> 顾问式销售无论生产什么，
> 都是销售其增加的价值。
>
> ——麦克·哈南
> B2B销售开山鼻祖、一代销售大师

【引自《顾问式销售——向高层进行高利润销售的哈南方法（第八版）》，人民邮电出版社2013年版】

> 顾问式销售不仅仅是一种销售策略，
> 更是一种全新的客户价值体系
> 和革命性的销售理念；
> 因为顾问式销售，销售的不是产品或服务，
> 而是销售产品或服务为客户带来的利润增长。
>
> ——俞赛前

≫ 顾问式销售和传统销售的差异

特征 ＼ 类型	顾问式销售	传统销售
卖点	——增加的利润 ——投资收益	——产品本身的性能 ——价格优势
客户	——帮助客户与竞争对手竞争 ——与客户一起共同经营 ——集中于B2B销售	——与自己的竞争对手竞争 ——客户自己为结果负责 ——适用于B2C或C2C销售
理念及性能	着重于客户绩效改善； 关注结果甚于过程。	着重于提升性能； 节约成本或改善流程。

》 如何完成从传统销售到顾问式销售转变

第一步 **将价格转变为投资，强调投资回报率**
对于客户而言，价格是一种成本，是负值，支付越少越好；而投资暗示着收益，投资的收益为正值。

第二步 **将产品或服务的购买转化成所产生的货币价值**
对于销售式顾问而言，销售是增加的价值，而不仅仅是单纯的产品或服务，顾问式销售使技术性能货币化和可视化。

第三步 **将一次性销售过程转化为可持续的销售组合**
客户的利润增长，不应该是离散的或零散的，因为对利润增加的依赖，是每一个上下游合作伙伴关系及共享价值链带来的红利。

》 顾问式销售流程图

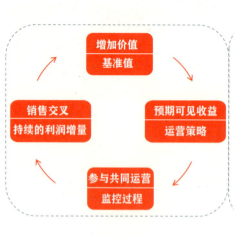

TIPS：首先找到为客户运营所增加价值的价值数据，也就是你为客户准备的"基准值"，以此为参照物，核算出增加的价值并且拿出切实可行的运营策略、方案以及所需资源，共同运营，达到项目书中的效果并帮助客户持续增长。

》如何处理与客户方负责人的关系

共同的目标　顾问式销售必须像对待自己的KPI一样对待客户的KPI，争取做到目标一致。

共同的运营策略　顾问式销售必须和客户方负责人共同拟定具体的运营方案，并获得所有相关利益方的支持，以确保策略的顺利实现。

共同的回报和利益　顾问式销售只有在每笔交易中与客户共担风险和共享利益，才能深度捆绑客户的资源，以期获得更大的成功可能性和概率。

》顾问式销售的关键成功要素

基准点 **货币化的增加价值**

TIPS:

- **基准点**：为客户及所在行业的每项业务增加的价值的平均数值，就是你为客户带来的增加价值，基准值是你为提高客户利润所提供的顾问式专业知识和技术的综合，按照基准值进行顾问式销售是直接打动客户最有力的武器。
- **货币化的增加价值**：顾问式销售是一种可持续的增值性业务改进策略，可以带来额外的价值增量，将额外的价值增量货币化，就可以推算客户的投入产出比（ROI），从而赢得客户。

≫ 顾问式销售的定位

顾问式销售的理想定位是客户利润的提升者，要做到这一点，可以通过两种形式：

第一种	**成本节约**	顾问式销售者必须首先是一位专业人士，对客户及行业，甚至对客户的资源和业务流程了然于胸，从而重构成本或优化流程，以达到成本节约之目的。
第二种	**收益增加**	顾问式销售必须制定严格且可实现的利益增量、可视化节奏和规划，按部就班，持续提升收益，从而达到利润的提升，获得与客户的双赢。

≫ 顾问式销售应用场景

1	■ **B2B的销售场景**
2	■ **多决策长周期APRU值高的项目**
3	■ **提供解决方案类型的销售项目**
4	■ **持续为客户提供新价值的系统**

例如：
- SaaS或PaaS等销售项目；
- 大宗商品或服务采购、安装及售后服务；
- 信息化或智能化的销售整体解决方案，比如智慧医院或智慧城市等。

41 B2B销售的五大秘籍

》 基本销售模式

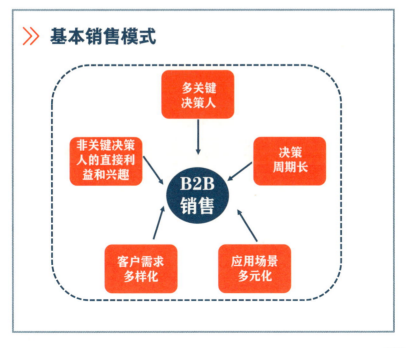

》 B2B销售的破局之道

》 B2B销售的破局之道——杀鸡用牛刀

B2B

破局之道

杀鸡用牛刀

原意是办小事情用不着大力气，但是在To B的销售过程中，必须采用杀鸡用牛刀、大炮打蚊子的战术。基于两点思考：

- 第一，基于To B的销售决策周期长和多关键决策人的特点，必须在启动之初就要投入全部资源，建立良好的心理优势和资源优势，将周期缩短；
- 第二，牛刀和大炮的价值是可以迅速解决问题，而不拘泥于投入，正所谓将军赶路，不追野兔。

>> B2B销售的破局之道——快速锁定关键决策人

B2B

破局之道

快速锁定关键决策人

顾名思义，推销员必须尽快了解企业的组织架构、采购流程和决策流程，通过间接利益相关者，迅速获取关键决策人的思考模式和决策机制，以做到眼疾手快，迅速锁定，缩短决策周期。

>> B2B销售的破局之道——团队作战

B2B

破局之道

团队作战

一个To B的销售过程，势必涉及间接利益相关者、直接利益相关者、决策者、使用者，甚至采购负责人和财务负责人等。所以，团队的配合和协调必不可少，聪明的推销员一定要学会调动公司的所有资源为签单拿单服务。

≫ B2B销售的破局之道——不要过度承诺

B2B

破局之道

不要过度承诺

过度承诺是小白或菜鸟销售人员常犯的十大错误之一，在 To B 的销售过程中，销售人员为了尽快成交，在回复客户的需求时，没有考虑到履约成本或服务能力，仓促应对，但是在安装、实施和使用过程中，问题层出不穷，甚至无法实施，导致订单丢失的情况比比皆是。

≫ B2B销售的破局之道——关注直接使用人的意见

B2B

破局之道

关注直接使用人的意见

实话实说，即使你在前期未关注直接使用人的意见就签单成功了，但在后期的使用过程中，直接使用人的体验和感受直接决定了是否可以顺利续约，而续约与否是To B销售最核心的关键点。

> **To B的销售工作是一种链条更长且相关利益方更复杂的销售模式，而真正解决客户实际需求和利益分配机制的匹配，是成交最核心的触发机制。**
>
> ——俞赛前

To B销售的趋势

——从免费开始，增加付费功能，做大客单价

——与客户深度捆绑，解约成本高，续约成功率高

——交叉销售的最佳手段和方式之一

C 小　　　结
ONCLUSION ||||||||||||

一招鲜，吃遍天……

"老大，有没有什么绝招能迅速签单？"

"听说老贺谈客户很厉害，close（逼单）客户一百遍。"

销售的江湖里，很多人都希望有朝一日，突然内力大增，意外习得真经，从而练得一身绝世好武功，逢山开路，逢水架桥，从此见到一个客户签一个客户，签单签到手软，数钱数到手抽筋。"喂喂，兄弟醒醒，地铁到站了……"

销售是一门实践性学科，一定有其方法，一定有其规律，一定有其技巧，这就是销售江湖所谓的销售技巧。但前提是，必须有大量的销售实践和客户拜访面访作为输入和基础；与此同时，结合实际情况和前辈们的经验，演化成自己行走销售江湖的独门秘籍，比如阿里巴巴原全球销售冠军贺学友，他说他可以一天内close（逼单）客户一百次，直到客户成交。可是，你要知道他是历经千百次失败之后，针对有真实意愿的客户，才会采用此策略，而不是见到每一个客户都如法炮制。

站在前辈或巨人肩膀上，结合大量的销售实践和个人性格特点，去独创一套属于自己的秘籍，你必将光芒四射。

注：以上为第36~41节内容小结，希望对于您对本书的理解有所帮助。

Self–cultivation Towards
the Top Sales

第七篇

销售业绩管理

42 如何厘定销售代表服务客户数量？

> 生产率不等于一切；
> 但长期来看，
> 它几乎意味着一切。
>
> ——保罗·克鲁格曼
> 诺贝尔经济学奖得主

>> 成本和收益公式

$$业绩 - （固定成本 + 变动成本 + 损益）$$
$$= 客户数 × 成交率 × 客单价$$

TIPS:

1. 以上公式是指以单个销售代表为一个生产单元；
2. 以上公式是指在一定的销售周期内；
3. 固定成本包含但不限于人工成本、房租及附属变动成本；变动成本包括但不限于提成或坏账等；损益包括但不限于税赋、市场和管理费用等；
4. 具体的内容由企业及现场的实际情况决定。

>> 总体原则

——这是一个财务预算管理和销售管理的交叉范畴

——前提是企业必须确定1~3年内的战略及当期的核心财务预算及规划，比如盈利标准或年度财务预算

》执行手册

```
              ┌──────────────┐
              │ 1／单个销售代 │
              │   表产值预估   │
              └──────────────┘

┌──────────────┐              ┌──────────────┐
│ 5／预估全年销售 │              │ 2／确立公司年度 │
│   业绩目标     │              │   盈利目标及财   │
└──────────────┘              │   务预算       │
                              └──────────────┘

   ┌──────────────┐    ┌──────────────┐
   │ 4／分解单个销售 │    │ 3／制定整体人 │
   │   代表固定成本 │    │   工成本及薪   │
   │   和变动成本   │    │   酬预算       │
   └──────────────┘    └──────────────┘
```

》单个销售代表业绩预估

业绩 = 客户数 × 成交率 × 客单价

TIPS:

1.前提：以月度为单位，以客户数作为待定项；

2.成交率可以参考历史平均水平和行业内最高或平均水平；

3.客单价依照公司商品的定价系统应该是一个相对的固定值。

≫ 公司年度盈利目标和财务预算

确定公司1~3年内的战略目标

确定年度的盈利目标和财务预算

明确人工成本与当期销售收入的占比

≫ 制定整体人工成本及薪酬预算

人工成本

固定成本

货币成本 —— 包含但不限于底薪、"五险一金"和福利费用等；为了提升准确性，尽量将非货币成本货币化；

非货币成本

变动成本 —— 包括但不限于提成、坏账计提和返佣等。

举例说明： 北京地区电话销售代表无责任底薪5000元，"五险一金"大约1500元，则两项固定货币成本大约6500元。

》结论——客户数

$$X_{客户数} = \frac{业绩收入 - (固定成本 + 变动成本 + 损益)}{成交率 \times 客单价}$$

> **TIPS:**
> 1.X代表客户数；
> 2.X就是在当月每个销售代表需要拜访（电销或面销）的客户总数。

》影响因素

——客户数量受企业所在行业及外部竞争格局影响；如果企业处于"红海"，随着竞争的加剧，成交率会降低，因此要增加客户数量
——客单价如果存在变量，需要将客单价拆解成固定价格和变动价格，用来提升计算的准确性

43 月度销售目标拆解，你会吗？

≫ 销售目标拆解

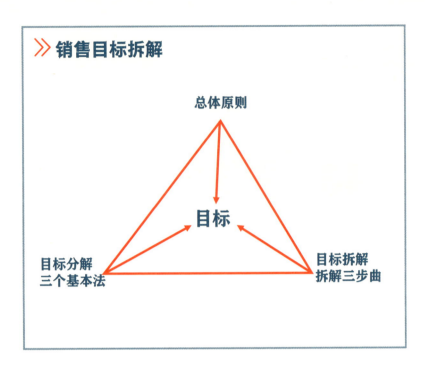

≫ 名词解释——销售目标拆解法

销售目标拆解法:
利用业务逻辑、企业资源、客户结构和团队结构将销售目标分解到可执行的最小颗粒度的一套体系和方法。

≫ 总体原则

公平	用同一把尺子（标准）丈量（目标）；
公开	把丈量的过程展示给利益相关方，接受所有人的监督；
公正	就是选择"哪一把"尺子来丈量，保持一致性；
可达成	目标应该是销售团队付出120%的努力后，可到达95%~105%目标。

> **"**
>
> **衡量一个销售负责人、一个销售团队或一套销售系统成熟与否的标准是：销售业绩实际完成率在销售目标±10%的区间。**
>
> **——俞赛前**

≫ 目标拆解的五种武器

1/ 以客户分类为基准 | 盘点每个销售CRM系统中的客户，判断成交意向、成交周期和成交金额，再进行累加。这种方法适用于个性化To B的销售体系。

2/ 历史业绩推导法 | 通过同比和环比历史业绩，以历史业绩为基准，再依据销售代表的个人能力和意愿进行调整。这种方法适用于比较难预测业绩的销售体系。

3/ 平均分配法 | 简单直接而有点粗暴，总业绩目标除以团队人数，大家都一样。这种方法适用于销售团队建立早期、客户和销售代表刚组建的销售体系。

4/ 以司龄为依据 | 通过历史业绩来寻找与司龄相关的业绩结果，再结合销售目标进行分解。这种方法适用于司龄与实际结果强相关的销售体系。

5/ 组合式目标拆解法 | 依据公司销售团队和现场的实际情况，对以上四种方法进行组合来进行目标拆解。

≫ 目标拆解工具

月度业绩 ＝ 老客户续约业绩 ＋ 当月新客户业绩

数量 ×续约率 ×客单价　　数量 × 签约率 ×客单价

TIPS： 适用于规模以上老客户数量，且有历史数据可以参考的销售系统。

≫ 目标拆解三步曲

第一步 | **自下而上而非从上往下**
目标一定是要从拿业绩结果的最小单元进行拆解，然后再逐层累加；千万不可以从上往下粗暴分派任务。

第二步 | **目标修正，资源匹配**
有了初步的目标之后，销售主管、经理甚至更高阶的销售管理人员一定要再次依据公司单月匹配的资源，例如客户线索或促销资源进行修正，以确保目标完成。

第三步 | **目标沟通，达成一致**
目标虽然进行了公开、公平和公正的拆解，但是与销售代表达成一致并获得认可是极其重要的步骤。这个沟通的过程更是辅助销售代表建立信心确定战术打法的必备工作，切不可忽视。

≫ 目标相互确认

第一步 | **全员公示** | 每月初确定了全员的月度目标之后，有一个公示的动作一定要做到位；如果对目标有疑议，可以现场解决。

第二步 | **目标确认** | 目标经过全员公示，且无疑议之后，必须以白纸黑字的形式打印出来，由员工本人或员工代表签字确认。

第三步 | **目标责任书存档** | 以上两步完成之后，必须对目标责任书进行存档，以备用。

44 如何制订有效的月度激励计划?

> 激励提供了及时的反馈。一笔奖金或一个奖品会说话:你做得对,好极了!请继续努力!其次,激励能为人们提供所需之物——金钱、地位和荣誉。也就是说,激励是鼓励享有的。问题的源头正是对这种享有的鼓励。
>
> ——俞赛前

≫ 如何制订有效的月度激励计划？

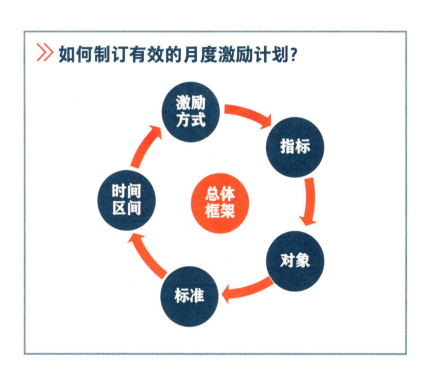

≫ 激励指标+激励对象（一）

指标类型	指标举例	激励对象		
		销售代表	销售主管	销售经理
结构指标	签单	√	—	—
	回款	√	—	—
	续约率	—	√	√
过程指标	新开客户数	√	—	√
	在线时长	—	√	—
团队指标	人均单量	—	√	—
	业绩破零率	—	—	√

》激励指标+激励对象（二）

总体三原则

关注结果
对公司而言，激励是成本，既然是成本，就应该核算投资回报率，所以要指向明确。

层次清晰
是指在指标和激励对象两个维度之间要全面覆盖的同时兼顾岗位的侧重点。

减少偶然性
销售业绩虽然具有一定的必然性，但同样，偶然性概率甚大。因此，管理层要重点关注团队指标和过程指标。

》激励标准

相对值或相对位置	指的是激励排名靠前的获奖者，这样的益处是充分利用了激励的杠杆效应，鼓励团队成员相互比拼。
绝对值	指达到设定的标准即可获胜，这样的标准十分清晰具体且指向明确。
绝对值和相对值两者兼备	将绝对值作为入围门槛，再取相对排名靠前的获奖者，这样的好处是可以避免在整个团队业绩完成较差的情况下，依然有获奖的现象。

》时间区间

三大设计思路

1 **抢头炮：**销售团队的士气极其重要，而第一时间出单是对团队士气最好的拉升。所以，一定要激励尽早且第一个或第一批次出单的行为。月

2 **分段激励：**以月为单位，以周或者十天为单位设定刺激周期，逐步拉升，将时间前置且充分利用。

3 一月是30天而不是22个工作日。——切记！

》激励方式

荣誉先行 销售团队就应该像军队。军人的天职是保家卫国，责任和荣誉高于一切。

物质保障 利益是基础的保障。毕竟人都是社会性和经济型高级生物，按劳（结果）分配，多劳（结果）多得无可厚非。

变化多样 激励的方式应该不断推陈出新，只有这样才能利用团队的好奇心理，充分调动和刺激团队，以获得如愿以偿的结果。

≫ 激励制度设计的三大秘诀

投入产出比（ROI）

激励计划一定要有预期目标，从而来核算投入产出比，建立复盘和学习系统，不断优化投入产出比和预测的准确性。

最重要的结果只有一个

以月为单位制订激励计划，切忌贪大求全，撒胡椒面，最后可能颗粒无收。

及时兑现

第一时间兑现承诺是最基本的操作标准，否则效果大打折扣，信用缺失

钱？是最有效的激励吗？

不一定！

——看受众群体的需求

如果受众群体处于安全或生理需求未被满足阶段，视为有效。

——看时间和次数强度

如果一直以钱为标的物，则会导致受众从频率到数量的转变，然后出现效用递减效应。

45 销售业绩跟进
——销售管理者的基本功

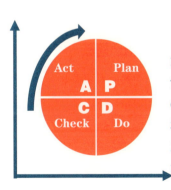

戴明环（PDCA循环）中的C应该包括检查（check）、沟通(communicate)、清理(clean)和控制(control)四个步骤，要发现问题、及时控制以确保计划的完美实现。

——爱德华兹·戴明
美国质量管理专家

【引自《转危为安》，机械工业出版社2016年版】

≫ 业绩跟进的第一性原则

三规原则

在规定的时间和规定的地点，执行规定动作。

≫ 三规原则——规定时间

规定时间	销售管理人员必须规定一个具体而固定的时间，对业绩进度进行检查和复盘。
固定人员	所有产生业绩和对业绩结果产生直接影响的团队成员，例如主管或经理必须全员参加。

》三规原则——规定地点

规定地点	规定地点的最大价值是所有利益相关方在同一个物理空间。同时，可以及时对发生的问题进行讨论，并约定改善计划。
约定俗成	一旦有了规定的时间和地点，销售团队就形成了良好的工作习惯；习惯一旦养成，最直接的益处是团队运行效率的提升。

》三规原则——规定动作

以结果为出发点	三规的核心价值是为了提升业绩目标的完成率，所以必须以结果为出发点找差距找问题。
以客户为中心	业绩未达成预期，最核心的原因无非是客户存量不够和客户准确度不高或者客户成交推迟。所以，销售管理者必须回归到业绩产生的源头——客户。
以销售流程为推进节奏	销售业绩目标之所以能达成，是由客户购买决策流程和销售推进流程完全同步而产生的结果，所以在回归到客户层面的基础之上，必须严格检查销售代表推进客户进度的过程。

》业绩跟进的误区

1 关注团队的状态多于关注对客户选择的关注

客户，客户，客户，重要的事情说三遍，客户是源头；

2 行动计划不够SMART

三规之后的行动计划必须严格参照SMART原则执行，否则努力白费且结果拿不到；

3 对时间节奏控制不严谨

规定的时间是不可以随意更改的，但是是可以提高频率的，尤其是在启动慢于预期或者外部竞争环境突然发生变化时，销售负责人必须第一时间采取控制策略。

》业绩跟进技巧

在日常的业绩跟进过程中，销售管理者需要运用一些技巧来提升跟进的效果。

——相比于平均业绩

将个人业绩与平均业绩进行比对，如果低于平均业绩很明显是拖了团队的后腿，这就是很好的说辞；

——相比于最高业绩

与团队最高业绩对比，如果低于这个数值，则有很大的进步空间；

——相比于历史最佳业绩

对于表现最佳的10%，必须鼓励他们突破历史最佳，从而带来团队业绩整体提升。

46 主管的陪访如何更高效？

毋代马走，使其尽力；
毋代鸟飞，使蔽其羽翼。

——《管子·心术篇》

》 主管的陪访如何更高效?

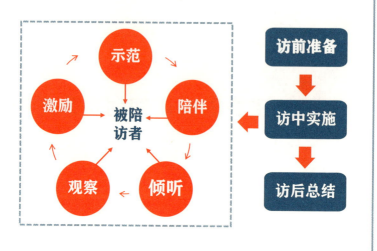

》 访前准备

访前准备

面谈	与拜访者当面沟通并了解目前需要提升的模块;
过客户	依据拜访计划,对所拜访客户情况进行梳理,以确定策略;
销售工具准备	依据过客户结果,做相应的访前准备;
预期目标设定	为每一次的陪访设定具体的目标,用以提升陪访质量和效率。

》访中实施

> **"**
>
> 优良的示范是最好的说服，
> 管理者的价值就是以合适的方式对
> 团队成员进行正确的示范。
>
> ——俞赛前

》访中实施——陪伴

TIPS:
销售主管在陪访过程中，尤其是在客户面前，尽量不要打断和纠正被陪访者，以免干扰正常的谈判思维和节奏。

≫ 访中实施——倾听

双向沟通 **+** 控制节奏 **+** 挖掘潜在问题

TIPS:
双方应该建立在平等的基础上，鼓励被访者表达，并且深挖深层次的潜在问题，力争一次性暴露所需改善之处。

≫ 访中实施——观察

关注细节 **+** 连续动作 **+** 不打断

TIPS:
这三个原则是陪访者必须切记的，只有这样，才可以全面清楚地了解被陪访者。

》 访中实施——激励

TIPS：
- 正面积极及时的认可和肯定是最有效的激励方式之一；
- 对过程和细节的关注比直接关注结果更有效，陪访的核心目的是让被陪访者形成良好的工作习惯。

》 访后总结

原则： 陪访最主要的目的是让被陪访者养成良好的行为习惯，而不仅仅是监督或拿结果，所以，千万不要直接挽起袖子自己干。

47 PK——拿结果练团队的神器

> 没有最终的战功，也没有致命的失败，最难能可贵的是，继续前进的勇气。

——温斯顿·丘吉尔
英国前首相

> PK: Player Killing的缩写，原指在游戏中高等级玩家随意杀害低等级玩家的行为，后引申发展为"对决"等含义；销售团队引入PK概念，喻指团队之间的业绩比赛。

》 PK——拿结果练团队的神器

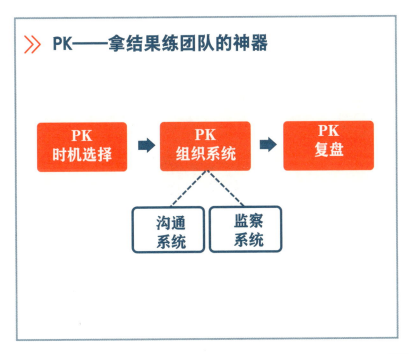

》经验与教训

1/ PK不是万能的，不能包治百病；

2/ PK当期业绩大涨，士气高涨；PK之后一地鸡毛，业绩低迷，谨防PK综合征；

3/ 信息不对称，或者PK指标无法即时获取。

》对手选择

最优选择
双方团队规模和历史业绩旗鼓相当，实力均衡

次优选择
以弱胜强、以小博大的机会或团队互为对手

建议慎选
与竞争对手PK，比如市场份额或业绩指标等，主要是信息获取的及时性和真实性难确保

》 沟通系统

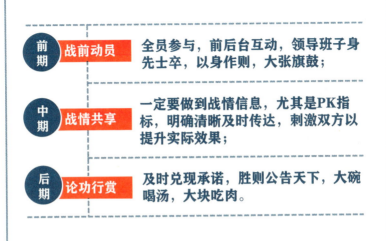

前期	**战前动员**	全员参与，前后台互动，领导班子身先士卒，以身作则，大张旗鼓；
中期	**战情共享**	一定要做到战情信息，尤其是PK指标，明确清晰及时传达，刺激双方以提升实际效果；
后期	**论功行赏**	及时兑现承诺，胜则公告天下，大碗喝汤，大块吃肉。

》 高手宝典

业绩评估	事前周密计划，核算ROI（投入产出比），预估关键业绩指标和资源投入；
事后复盘	仗打完，不论胜负，一定要复盘，总结得失，以为后用。

》 PK监察体系

独立第三方	裁判团、后勤组和啦啦队等均应一应俱全；
监察组	PK双方你争我夺，有些时候会为了业绩、为了胜利，有意无意跨过红线，以不正当方式获取利益，所以，需要建立严格的监察体系。

》 PK复盘内容

ROI复盘	与当初的计划进行对比，来建设一套预期/实际评估体系，进行沉淀；
人才复盘	一场战斗的胜败，在很大程度上是一群优秀的指战员出色表现的结果；
战术复盘	两军对垒，为胜利而战；自然而然会出奇招、出险招，而这些战术打法是否可以用到日常打法中，值得销售管理人员总结。

>> 最佳实践

PK之后的复盘，特别要重点关注失败团队的士气、战术及打法，避免溃不成军。

- **专门针对失败方进行复盘，公平公正且中肯，奖罚分明；**

- **及时调整团队状态，避免一下子被打懵了，团队一盘散沙，总觉得低人一等；**

- **及时树立目标和斗志，力求再战，在哪里输的就要在哪里赢回来。**

高手PK的三个技巧

——设置时间节点，不断清零

以时间为标志，切割周期，及时兑现PK奖励，然后清零，让团队始终处于紧张状态，拉动士气；

——释放诱饵信息

阶段性释放诱饵信息，唤醒并刺激对方，让团队更加专注；

——设置不同阶段的PK目标

销售的业绩结果往往由多个因素组合而成，比如签单和回款，前期可以PK签单金额，逐步过渡到回款。

C 小 结
ONCLUSION ||||||||||||||

业绩是跟出来的；业绩是逼出来的；业绩是骂出来的……

都对！或都不对！无论你信或者不信，这就是目前很多销售团队的现状，不跟不逼不骂不出业绩。但是，我在这里要说的是，其实业绩是可以设计和规划出来的，就如成功其实是可以规划出来的一样。

业绩其实是规划和设计出来的。销售管理者每月初先盘点A、B、C类客户的客单价和成功率以及预计成交日期。这三类客户的准确率应该达到80%，三者之和与月度业绩的差额就是要找增量，而A、B、C类业绩之和就是存量，然后将增量排期分解到每位销售人员，进而推算出需要开发的新客户数量以及客户类型，从而落实到每个工作日的具体销售行为或基本动作中去，一气呵成。

存量和增量，是每个销售管理人员的两个重要业绩来源和环节，基于此，紧盯住，万变不离其宗，细化到每个时间节点的每个规定动作，做到心中有数。胸中无敌，方能立于销售江湖，得胜而归。

注：以上为第42~47节内容小结，希望对于您对本书的理解有所帮助。

EPILOGUE

一定要感谢

感谢你们，非常用心地读完这本书，在这里与你们见面，总得写点什么，否则，太不懂事了啊。写一本书，很难，然而，并不是生理上的；难的是，要将自己的思想、理念和实践清晰地表达出来，并且能够带给读者一些启发，还要有实用的技巧和可落地操作的策略，才不至于辜负读者的认可和心意！书中的内容，大多是我从各位大师大神那里学习得来的，他们才是真正的创造者，我只是一个搬运工。基于我有限的表达能力，我无法表达对他们的感恩之情……

特别感谢百事可乐，这家把汽水卖得这么好的公司！感谢Kelly Chen（陈伟佳，完美的导师）、Henry Hu（胡浩林，我能卖汽水，都靠你）、Tony Zhang（张华，启蒙导师）、潘昆和肖亮东！

感谢阿里巴巴这家伟大的公司，因为阿里，对生活对自己对未来我更加笃定！感谢马总给我们年轻人方向和机会！七年阿里生涯，彻底重铸了我的心智。感谢Savio（关明生）、邓康明（令人尊敬的老大）、张璞和李琪（我的两位面试官）、Lucy Peng（彭蕾）、David Wei（卫哲）、吴敏芝、吕广渝（我同一天进阿里的兄弟）、阿干（干嘉伟，本书中的很多理念是向你学习的，致敬）、Flora（郑璐）、老贺（贺学友，阿里B2B销售史上的巅峰人物）、雷雁群（我的搭档）、阿里巴巴广东大区的小"政委"们和夏小虎。

EPILOGUE 后记

感谢一路上帮助过我的李金龙、王志瑜、林友色（九牧集团）、吴学军（周大生珠宝），还有我的大学同学李鹏、王彬（亿欧）和石亮。

感谢好租曲先洋（好租科技公司创始人兼CEO）和兄弟姐妹们！感谢朋友圈的朋友们、我生命中的各位导师，感恩与你们同行。特别感谢宋志娟，你的付出是一切顺利的保障。感谢社会科学文献出版社祝得彬编辑和其他诸位同仁。

最后，特别感谢我的父母、我的太太兰女士，还有我们家老大和老二，你们是我生命中最好的遇见，因为有你们，生活才有阳光、水和空气……

有些人、有些事，在一起就是一段最好的缘分，谢谢生命中最好的遇见！

俞赛前
写于2020年5月

俞赛前 Leo Yu

拥有20余年销售培训、人力资源和销售运营管理经验，曾就职于JVC、百事可乐、阿里巴巴、微医和好租等知名跨国公司与互联网企业，长期致力于研究销售系统、客户心理及行为学、销售人员心理学等，积累了丰富的理论和实践经验。

1998年毕业于中国人民解放军军事经济学院国防经济系，同年作为首批管理培训生加入日本JVC电器有限公司，两年内晋升至中方员工最高职位"主事"。2000年入职百事可乐（深圳）饮料有限公司，曾任销售培训经理等职务，其间获"百事中国首批组织能力（OC）经理""百事国际最佳销售支持大奖""百事国际最佳销售支持大奖""百事中国最佳field HR大奖""百事国际全球最佳灌瓶厂（Bottle of Year）成员"等荣誉。

2004年加入阿里巴巴，工号003023，曾为阿里巴巴中国供应商销售铁军第一批大"政委"，阿里巴巴"六脉神剑"文化价值观项目组第一批核心成员。

2011年加入特步（中国）有限公司，担任直营副总裁助理、人力资源总监等职务。2017年进入微医集团有限公司担任药店事业部总裁，其间开创性地设计了药店远程视频问诊系统，为全国50万家药店进行数字化改造升级赋能。

2018年至今担任北京好租科技有限公司副总裁。坚持马拉松运动十余年，参加全程马拉松46个（全部完赛），目前为国家一级马拉松运动员（非专业组）。

关于作者

图书在版编目（CIP）数据

销售冠军的自我修养／俞赛前著. –– 北京：社会
科学文献出版社，2020.6
ISBN 978 – 7 – 5201 – 6584 – 6

Ⅰ.①销…　Ⅱ.①俞…　Ⅲ.①销售 – 通俗读物　Ⅳ.
①F713. 3 – 49

中国版本图书馆 CIP 数据核字（2020）第 069368 号

销售冠军的自我修养

著　　者／俞赛前

出 版 人／谢寿光
责任编辑／祝得彬
特邀编辑／宋志娟

出　　版／社会科学文献出版社·当代世界出版分社（010）59367004
　　　　　地址：北京市北三环中路甲 29 号院华龙大厦　邮编：100029
　　　　　网址：www. ssap. com. cn
发　　行／市场营销中心（010）59367081　59367083
印　　装／三河市东方印刷有限公司

规　　格／开本：889mm × 1194mm　1/32
　　　　　印　张：8.625　　字　数：166 千字
版　　次／2020 年 6 月第 1 版　2020 年 6 月第 1 次印刷
书　　号／ISBN 978 – 7 – 5201 – 6584 – 6
定　　价／58.80 元